創造性と
生産性を
同時に
実現する

人材開発の手引き

小林弘人
KOBAYASHI
HIROTO

幻冬舎 MC

創造性と生産性を同時に実現する

人材開発の手引き

はじめに

「今、やっている人材開発は、人事施策の全体から見たときに、本当に正しいのだろうか」

人事の企画担当者の仕事は、自社を取り巻く環境変化や将来のビジネス展開に合わせてどのように人材をマネジメントしていくか、また入社から退職までの職業人生をどのようにコーディネートしていくか、これらの二つの側面から人事施策を立案することです。この二つが連動することが大事になりますが、こうすればうまくいくという正解があるわけではありません。会社を取り巻く環境は業種・業態によって様々であり、それらに適応する組織の形は異なります。同じ施策であっても、組織文化や組織風土の違いによって経営層や社員に受け入れられるかが変わるため、会社の実情を理解している企画担当者が悩みながら、会社に適した制度や仕組みを導き出していくことになります。人事施策に関する書物はいくつか出版されていますが、それらは人事制度や人材開発のように別々に語られることがほとんどで、人材開発であれば教育に焦点を当てたもの、人事制度であれば評価に焦点を当てたものなど、部分的に語られることが多く、初めて人事の企画業務に取り組む人には全体像が掴みづらいのではないかと思います。そこで本書は、人材開発と人事制度のつながりを記述し、会社の実情に照らしてどのような人材開発を企画・推進すればよいかの全体像が理解できる手引書を目指しました。人材開発の初心者だけでなく、企画をしても前に進まず、「何に取り組んだらよいのだろう」と立ち往生している企画担当者の方にも、ぜひ、本書を手にとって、何かしらのヒントを得ていただきたいと思います。

企画担当者に向けて

人を開発するという言葉に違和感を持つ方もいらっしゃると思います。開発という言葉は、役立つようにする、実用化する、知識を開き導くという意味があります。人材開発はその業務範囲がきちんと明確化されているわけではないため、企画担当者100人に「何をすることが人材開発なのか」と質問をしたなら、おそらく100通りの答えが返ってくるのではないでしょうか。人材開発という言葉自体がビッグワードで、つかみどころがないことが理由かもしれませんし、経営層の人材開発に対する期待の大きさや担当者の置かれている状況によってできることが変わってくるからかもしれません。

本書では人材開発を「個人のパフォーマンスを最大限に引き出し、組織を活性化することで、組織のパフォーマンスを最大化すること」と定義しています。

組織活動を有効に機能させることができれば、創造性と生産性が同時に実現でき、企業価値の向上に寄与することができます。

人材開発は担当者の置かれている状況や視野の広さによって課題設定が変わります。経営者の目線と社員の目線から会社の実情を捉え、どのような課題を設定するのが会社の未来に有益なのかについてじっくりと考え、最適解を導いていただきたいと思います。

目次

Ⅵ 能力開発

I 取り巻く環境

企業は環境変化（例：政治・経済・社会・技術・顧客・競合他社、協力会社など）に適応していくことで持続的に成長することができます。経営者はその変化が一時的なものなのか、永続的なものなのかを判断し、生き残りの戦略を図っていくことになります。現代はVolatility（変動性）、Uncertainty（不確実性）、Complexity（複雑性）、Ambiguity（曖昧性）のＶＵＣＡの時代と言われますが、ロシアのウクライナ侵攻以降、企業のグローバル展開は変更を余儀なくされ、サプライチェーンの見直しが進むなど、将来の事業環境はさらに予測不能で正解を見つけることが難しくなりました。

1　循環経済への転換

近年、環境に配慮した循環型社会の実現に向けて脱炭素社会（カーボン・ニュートラル）を目指していくことが世界の潮流となっています。従来の産業構造では立ち行かないことから、産業構造そのものの転換を考えざるを得ない時代になりました。

産業は、製造や小売りのような動脈産業と製造過程で排出したゴミや使用済み製品を回収し、リユース・リサイクル品として再利用する、あるいは再利用できない廃棄物は焼却や埋立て処理を行う静脈産業の2つに分類されます。

循環型社会の実現に向けて、動脈産業には、循環性の高い製品・ビジネスモデルを設計し、リサイクルまでを見据えた循環システムの構築が期待され、静脈産業は、あらゆる使用済製品を可能な限り高度な素材として再生し、動脈産業に供給する「リソーシング産業」としての役割が期待されています。これまで企業は、設計・調達・生産・販売・アフターサービスといったバリューチェーンに基づいて戦略を立てていましたが、循環型経済への転換によって、廃棄・リサイクルの要素を加えた新たなバリューチェーンをデザインすることが求められています。

2　第4次産業革命

IoT（Internet of Things）、ビッグデータ解析、AI（人工知能）といった技術革新が急速に進んでいます。内閣府は、この大きな変化を第四次産業革命と呼び、日本の労働人口の49％がAIやロボット等に代替される可能性を示唆しています。日本において自動化されるリスクが高く雇用者数の多い職種として、総合事務員や会計事務従事者などの事務職が挙げられます。技術革新によって業務の効率化が進み生産性が向上する一方で、既存の仕事がなくなることで、その担当者が長年かけて習得したスキルは無用の長物になってしまいます。もちろん新たな仕事も生み出されますが、「これまでの仕事はAIに置き換わったので、新しくこの仕事をしてください」と単純に仕事の置き換えをすればうまく進む話ではありません。デジタル技術を取り入れることで、ビジネスそのものや仕事のやり方が変わることから、どのようにデジタル技術を導入していくかの道筋と合わせて、社内の人材をどう活用していくかが課題になります。

3　高齢化社会

加えて、世界は高齢化が進んでいます。2020年時点で、世界の9・3％（約12人に1人）が65歳以上であり、これが2060年には、17・8％（約6人に1人）になると予測されています。ちなみに日本は2021年時点で28・9％（約4人に1人）、2060年には38・1％（約2・5人に1人）と予測されています。2021年4月施行の改正高年齢者雇用安定法により、70歳までの継続雇用が努力義務になるなど、日本は世界に先んじて、労働力の高齢化が進んでいます。すべての年代の人々が、健康に職業人生を送っていける環境をつくっていくことは、日本全体の課題であり企業の務めだと思います。一方で、社員の雇用期間が伸びることで、若手や中堅に適切な課題を課すことが難しくなります。このことは計画的な育成を困難にし、企業の将来を考えると、マイナスに作用します。経営者は、長期雇用による変化が数年後の自社の経営にどのような影響を与えるかを予測し、対応していくことが求められます。

会社のビジョン実現に向けて、事業戦略を立てることに加え、その事業戦略を実行するのは社員ですから、将来を見据えた雇用のあり方を合わせて考えていくことはとても重要です。

その役割の一端を人事の企画担当者が担うことになります。

II 会社に適した人事施策

1 創造性と生産性を同時に実現する

企業の持続的成長には、既存事業の生産性を高めて利益を増やし、その利益を新規技術や既存技術の転用に投資することで、新しい製品やサービスをつくり、次の事業の柱に成長させることが必要です。生産性が向上することで利益は上がりますが、いずれ限界がきます。しだいに売上・利益ともに下降していくため、生産性だけでなく、新しい製品やサービスをつくる、創造性を同時並行で追求していかなくてはなりません。

生産性の向上は、インプット（ヒト・モノ・カネ・時間）を減らして、アウトプットをより速く正確に出せるようにプロセス改善を行うことで実現できます。例えば業務を標準化し、正社員から派遣社員（あるいは外部委託）へ業務を移行することで人件費を減らし、一人当たりの生産性を上げることができます。

創造性は、インプットを増やして、想像力を高めることで実現できます。インプットが変わらなければ、現状の範囲を超える絵を描くことはできず、次の事業の柱をつくることはできません。

このように生産性はインプットを減らすこと、創造性はインプットを増やすことが大事になります。インプットを増やすことは効率性を犠牲にする行為でもあり、生産性と創造性はトレードオフの関係になります。時代とともに製品やサービスは移り変わっていきますから、企業経営の根幹は創造性と生産性を同時に実現することにあります。

生産性を追求し、利益を増やしても、獲得した利益の投資先がなければ、現金をため込むことになります。新規事業の挑戦や設備投資に回すことなく、人件費削減の目的のみで早期退職の割増金として使用されることは、優秀な人材の流出にもつながり、会社の成長を考えると好ましいことではありません。特に大企業の場合は、新しい事業の柱に相応の規模が求められることから、創造性の追求の難易度は上がります。生産性の追求に特化し、M&Aや業務提携によって創造性を獲得しようとする企業もありますが、M&Aの70～90％は失敗すると言われており、創造性の追求によって、次の事業の柱をつくることは、あらゆる企業の課題となっています。

2　トップダウンとボトムアップ

人事企画の立案にあたって、その時代の先端を進みたいという思いから、制度や仕組みの導入を試みても、うまくいかないでしょう。制度や仕組みがたとえ先進的なものであったとしても、自社に最適なものであるとは限らないからです。最適な制度や仕組みは、自社の特徴や現状に合ったものを選択しなければなりません。では、どのような観点から自社の理解を深めていけばよいのでしょうか。

企業経営の意思決定スタイルを理解することは、人事企画を考えるうえで大事なポイントです。意思決定スタイルは、会長や社長、役員など経営層による「トップダウン」と、現場の社員などチームの合意形成による「ボトムアップ」の2つに大別されます。

「トップダウン」は独裁的に判断し、物事を推し進めるワンマン経営、などと否定的な見方をされることもありますが、生産性を上げる組織に向いている経営手法で、日本では長らく製造業を中心に行われてきました。良くも悪くも経営者の能力に左右されますが、トップがアイデアを考えて、社員がトップのアイデアを実行するという経営スタイルはスピーディであり、大きなメリットと言えます。

「ボトムアップ」は、日本語で「下意上達」と表現されます。できるだけ現場に裁量を与えて、現場から生まれるアイデアや意見を積極的に吸い上げ、それをもとに経営が意思決定するため、社員を中心に据えた経営と言えます。創造性を重視する組織に向いている経営手法で、社員全員がアイデアを考えて主体的に動くことで、組織に活気をもたらすことが大きなメリットです。

近年は、トップダウンやボトムアップ以外に「ミドル・アップダウン」の意思決定スタイルを採用する企業もあります。ミドル・アップダウンは、トップと現場の間に位置するミドルマネジメントが両者のハブとしての役割を担います。現場の声を吸い上げて経営層に提言し、承認を得た上で、関係者と調整しながら現場に指示し、実行に移します。トップダウンとボトムアップのそれぞれのデメリットを抑えた中間的なスタイルで、現場からアイデアを引き出すことができ、ボトムアップでは難しい部門横断的な動きを可能にした経営手法です。

意思決定スタイルが異なる会社では、あるべき組織像が異なるため、自ずと人材マネジメントも異なります。

例えば、トップダウンの会社は、トップにすべての情報が集まり、その情報に基づいてトップが方針・戦略を考え、マネジメント層に指示・命令します。マネジメント層は指示された内容を部署に展開するとともに、末端の社員が期待に沿った行動をきちんと取るように統制をかけることが重要になります。そのため統制に適した人事施策になります。トップの意向は状況によって大きく変化するため、変化にすぐ対応できるように、組織は本社直轄（中央集権型）で、方針展開がしやすいように多段階階層（ピラミッド型）の組織になります。トップの指示を正確に遂行することが求められるため、仕事に対する評価は減点式になります。また配置転換・人事異動は会社都合で行われ、個人のキャリアは尊重されません。

その代わりに（暗黙ではあるが）、定年までの雇用が保証されます。

一方、ボトムアップの会社は、創造性重視の観点から、いかに専門性を高め、新たなことに挑戦してもらうか、また現場の判断や調整をスムーズに進めるために、どの程度の裁量を渡すかが重要になります。そのため挑戦に適した人事施策になります。創造性のある新しい取り組みは計画どおりに進むことは少なく失敗することもあるため、評価を減点式にしてしまうと挑戦しようとする気概が失われてしまいます。そのため評価は加点式になります。自由裁量の範囲を広げるとともに、組織の階層を少なくすることで、意思決定のスピードを上げます。また配置転換・人事異動は専門性重視の観点から個人の意見を尊重しますが、専門性を必要とされなくなると（あるいは自分よりも専門性の高い人材が入社すると）、在籍しづらい状況に陥ることがあります。

このように、意思決定のスタイルによって適した人事施策は異なります。当然、ボトムアップに適した施策をトップダウンの企業に取り入れようとしてもうまく機能しません。

3　創造性の獲得を困難にする組織の事情

トップダウンの企業が、次の事業の柱をつくるために、トップ自らが社員に対して、「会社の将来に向けてどうすればよいか、を社員の皆で真剣にアイデアを出し合って提案してほしい」と言ったとしても、社員全員が「よし、皆でどうすべきか考えよう！」とはなりません。社員からすると、「会社の将来はトップが考えて決めることで、トップがどうにかするものだ」とのパラダイムがあり、素直に受け入れることができないからです。良くも悪くもトップのアイデアを実行することに磨きをかけてきた人たちに、「アイデアを出せ」と言っても出てくるものではありません。そのことをトップもわかっているからこそ、トップダウンの経営スタイルを変えることができません。

また創業家のように強力なトップダウンを続けている企業は、トップが「何を考えているのか」を推測することに長け、トップの判断が違うのではないかと思っても、自分の居場所を守るために「トップが言うのだから」と自ら深く考えることを止めてしまう人材が幹部になっています。この幹部の思考が末端の社員に伝播することで、トップが「右」と言えば右を向き、「左」と言えば左を向く、従順な社員が出来上がります。このような体制は、トップにとって心地が良く、「他の者には任せられない」との意識を芽生えさせます。このように、一朝一夕でトップダウンからボトムアップの意思決定スタイルに変わることはなく、創造性の獲得を難しくしています。

創造性を重視した経営を目指すには経営層とのコミュニケーションを通して意識を少しずつ変えていく、人事制度の改定や人材開発の見直しによって、社員の意識を少しずつ変えていくという二通りのアプローチが必要になります。

III 人材マネジメント

人材マネジメントの概要を掴んでいただくために、「プロ野球チーム」をつくることに例えてみます。企業も球団も同じ組織体ですので、やるべきことに違いはありません。プロ野球チームをつくるにあたって、まず他球団に勝つための戦略や戦術を考えることから始めます。他球団の状況やファンの期待、現所属の選手の特徴から、攻撃力、投手力、守備力、総合力のいずれかをチーム構想の中心に据えます。このチーム構想に基づいて、ポジションごとに求める能力（打力や守備力）を決めていきます。これが基準となり、現所属の（あるいは他球団から獲得した）選手から最適な選手を選択し、配置します。

次にチーム力を強化するために合同キャンプを行います。トレーニングは全体共通とポジション別に行い、個々の能力を上げるとともに、ダブルプレーや走塁などの連携を強化します。個々のやる気を引き出すために、シーズン前に評価基準と連動した報酬額を提示し、納得したうえでシーズンに入ってもらいます。また選手の新陳代謝を促すために、若手の採用と合わせて戦力外通告を行うことも必要になります。

企業の人材マネジメントも濃淡こそあれ、同様のことを行っていきます。

チーム構想に基づき、

(1)選手を配置する→最適配置

(2)トレーニングする→能力開発

(3)連携を強化する→組織活性化

(4)挑戦意欲を高める→評価・報酬

(5)選手の新陳代謝を促す→人事管理

これらは、組織力を継続的に高めていくために必要な要素です。

1　戦略的人材マネジメントとは

企業の売上・利益は組織活動によってもたらされます。企業のミッションやビジョン、事業戦略がどんなに素晴らしくても、組織活動が停滞してしまうと、想定以下の成果・結果になってしまいます。ＶＵＣＡの時代、１００％の事業戦略を策定することはできませんから、組織活動をいかに活発化させるか（組織をいかに活性化させるか）が重要になります。

本書では人材マネジメントを、「企業が掲げたビジョンや事業戦略の実現に向けて、組織のパフォーマンスを最大化し、組織活動が将来にわたって円滑に進むように、人的側面から施策を講じること」と定義しています。

最適な人材マネジメントを実現していくには、事業戦略を理解することはもちろんですが、組織や個人の状態を可能な限り見える化し、モニタリングを行うことで、情報を収集することが大切です。その情報を分析することで、今、組織のパフォーマンスに問題は起きていないだろうか、将来、問題が起こりそうなところはどこなのかを予測し、今のうちに何を強化しておくべきか、課題の優先順位を決め、対策を実行していきます。このように、今後の事業展開をスムーズに進めるために、先んじて、手を打っていくことを戦略的人材マネジメントと呼びます。

2　事業戦略との連動

①事業の成長ステージに適応する

事業戦略は市場や競合他社の動向など、自社がコントロールできない部分を予測し、社内資源（ヒト・モノ・カネ）を考慮したうえで策定します。

戦略を動かすのは人ですから、どんなに優れた戦略を策定しても、人材マネジメントがうまくいかなければ、大きな成果を得ることはできません。また戦略は事業の成長ステージによって変化するため、成長ステージを意識した人材マネジメントはとても重要です。

企業は「創成期」から始まり、「成長期」「成熟期」「衰退期」へとステージが変化していきます。衰退期において変革がうまくいけば、事業は拡大・発展し、変革がうまくいかなければ衰退します。

拡大・発展している成長期の事業戦略は、規模拡大による売上・利益の最大化が目的になり、衰退期の事業戦略は、利益確保が目的になります。人的側面においては、拡大・発展する事業は「増員」の施策を行い、衰退する事業は「人員削減」の施策を行います。両極の事業を持つ企業の場合、〝雇用を守る〟という前提において、事業部間異動により人数調整をすることになりますが、この場合、拡大・発展の速度と衰退の速度は同じではありませんから、異動と採用のバランスを調整し、対応していくことになります。

また異動によりこれまでの経験やノウハウが活かせなくなった社員には再教育（リスキリング）が必要になります。異動対象者の年齢が40代や50代のベテラン層が中心であれば、モチベーションのケアが必要になるかもしれませんし、異動せずに残る社員についても、衰退する事業にはマンパワーをかけないことから、一人当たりの業務量が増えるかもしれません。そうなった場合、長時間残業への対応やメンタル面のケアが必要になってきます。評価や報酬についても拡大・発展する事業に所属している社員は比較的高い評価が得られますが、衰退する事業に所属している社員は、どうしても評価が辛めになります。所属している組織によって、報酬に差がつき、社内で勝ち組と負け組ができてしまうと、このことが原因で社員のモラール（士気）が低下し、離職者が増えてしまうかもしれません。このような「かもしれない」という仮説を立て、前もって対策を講じることが必要になります。

企業の成長ステージによって、問題や課題は異なるため、必要とされる対策は異なります。成長ステージの異なる事業が複数存在する企業の場合は、より複雑な対応を迫られることになります。

◉創造性を追求するとはどういうことなのか

事業の成長ステージにおいて、企業が「成長期」であれば、生産性重視に舵を取り、製品やサービスを提供するまでの時間やコストを減らすことで売上・利益を上げるような、改善行動を中心に据えたマネジメントが重視されます。「成熟期」に達する頃には、すでに多くのムダが排除され、大きな改善は見込めなくなっています。その頃には、製品やサービスも行き渡り、コモディティ化も始まっているため、「衰退期（変革期）」に入っていくことになります。

変革期のステージでは、従来のやり方を肯定し、連続性をもって堅実に改善を繰り返すだけでは持続的な成長は叶わなくなっていますから、事業を継続するには、生産性以上に新しい

図1　持続的成長（連続→非連続→連続）

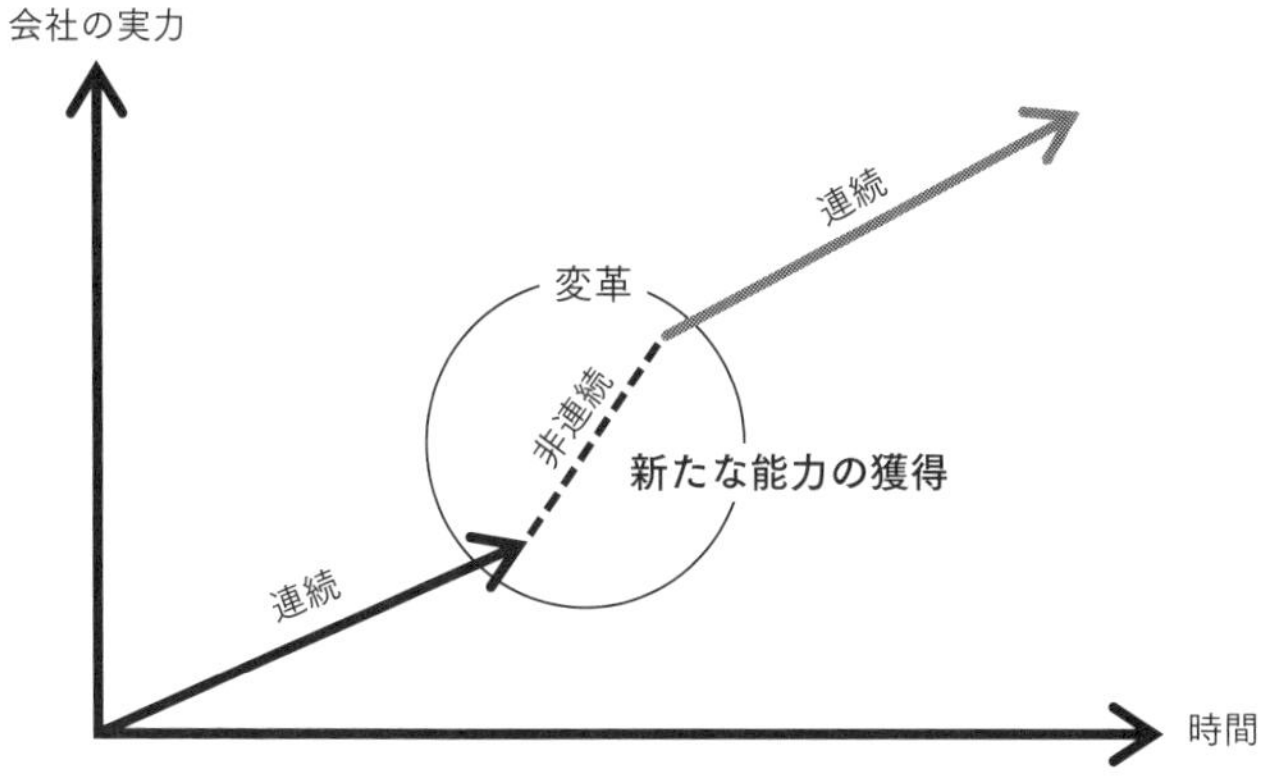

モノを生み出す創造性を追求していくことになります。創造性とは、これまでの延長線上の取り組みではなく、新たな能力を獲得し、意図的に非連続（＝変革）を創り出すことを言います。変革が成功すると、会社の実力が上がり一段階上の新たな成長ステージに進むことができます（図1）。

走り高跳びを例に挙げて、非連続を考えてみましょう。走り高跳びの変遷を振り返ると、大きな変化に気づきます。

(1)走り高跳びが始まった頃は、正面を向いて跳ぶ「はさみ跳び」が主流でした。

(2)その後、足を横に向け、体を斜めにして跳ぶようになり（ウェスタンロール）

図2　走り高跳びの発展

はさみ跳び
2m10cm（限界値）

ベリーロール
2m28cm（世界記録）

背面跳び
2m45cm（世界記録）

(3)やがてベリーロールになります。

(4)現在、主流の背面跳びは１９６８年のメキシコオリンピックで、アメリカのディック・フォスベリー選手が初めて跳び、金メダルを取ったことで世界に広まりました。

イメージしてもらえばわかるように、ベリーロールをいくら改善しても背面飛びにはなりません。

想像により全く新しい跳び方（非連続）を生み出したことで、頭打ちだった世界記録が大幅に更新されました（図２）。

企業において、このような非連続は自然

に生まれるものではありませんから、意図的に生まれる組織をつくっていくことが必要になります。

愛知ドビー「バーミキュラ～魔法の鍋～」

愛知ドビーは船舶や建設機械の部品を作る下請け工場でした。お客様から「中国では3分の1の価格だから3分の1でやってよ」と言われるなど、厳しい経営環境でした。

2007年のある日、本屋で一冊の本と出合います。それはフランス製鋳物ホーロー鍋を使った料理本で、「料理が劇的においしくなる」と書かれていました。

実際に購入し使用したところ、ホーローの遠赤外線効果から、想像以上に美味しい料理が出来上がりました。しかし蓋と本体には隙間があり、うちの工場なら、もっと良い製品が作れるのではないかと思い、開発に取り組みます。鋳物には絶対の自信がありましたが、ホーロー加工は未知の領域であり、初めての挑戦でした。

ガラス成分の入った塗料を吹き付けて窯で焼いてみたものの、表面に気泡ができてしまい、うまくいきません。

試行錯誤の末、3年後のある日、一つだけ「これなら」という試作品が出来上がりました。

これが無水調理鍋で有名なバーミキュラの誕生です。

鋳物の技術を高めていってもバーミキュラは生まれません（連続性）。鋳物の技術に新たにホーロー加工の技術が加わったことで（新たな能力の獲得）、イノベーション（非連続）が起こり、バーミキュラが誕生しました。

②予測可能な未来に対応する

事業を継続するには、現在の事業の成長ステージに適応することと合わせて、未来に向けて、準備を行う必要があります。未来は一見、予測不能に思うかもしれませんが、予測可能な未来もあります。まず、社内にある定量情報、定性情報を分析することから始めます。具体的には、現行の人材マネジメントを継続した場合、5年後、10年後の総人件費や人員構成（年齢・等級）がどのように変化するかを予測し、将来どのような問題が起こるかを予想

図3　将来予測診断（年齢別人員構成推移）

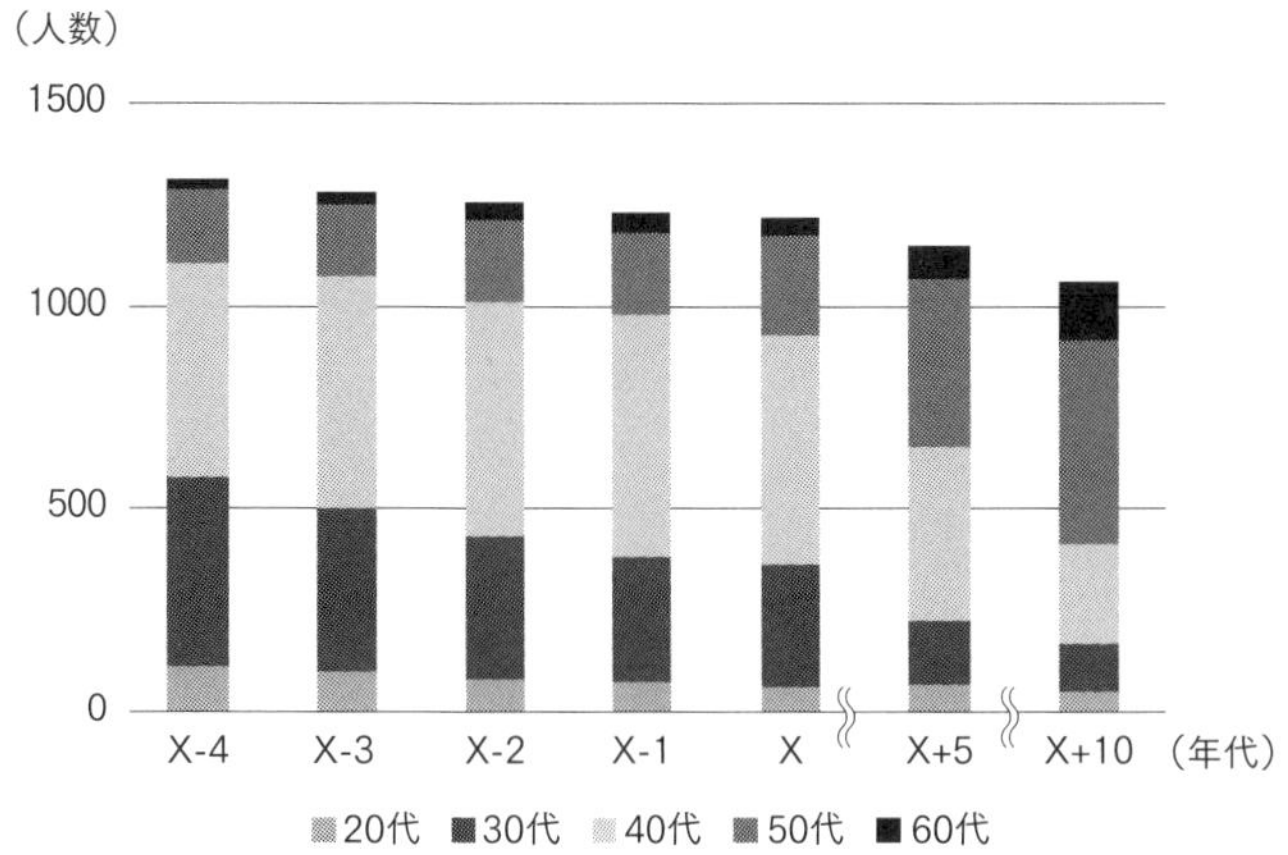

します。売上に対する総人件費の比率が上昇するとの予測になれば、設備投資に支障が出ることが予想されます。それを避けるために、例えば年収に占める賞与の比率を上げ、業績連動をより反映した弾力性のある報酬体系に変更することを検討します。仮に、このような見直しをするなら、評価の納得性を高めることが必要になるため、よりオープンでフェアな評価制度に変えていくことになります。これに連動して目標管理や評価基準の精度を高める、評価制度の運用方法を見直す、評価スキル向上のための評価者トレーニングを行うなど、様々な施策の検討が必要になります。

図3の企業は、40代が社員の約半数を占め、20

代や30代の比率が低くなっています。今後、業務の標準化を進め、正社員から派遣社員に業務を移行し、最終的にＩＴに置き換えていく方針をとっています。市場の停滞もあって、採用を抑制していることから、平均年齢は徐々に上がっていき、数年後には50代がボリューム層になり、正社員の総数は減少するという予測になりました。この結果から、現在の人材マネジメントの方針を将来的に変更する必要があるかを考察することになります。

ここでの論点は「高年齢者の雇用を維持すべきか」です。その結論によって人事施策は大きく異なります。

「維持すべき」となれば、高年齢者の処遇は比較的高いことから、人件費が経営を圧迫することにならないかを予測します。総人件費の増加が顕著であれば、人事制度を改定する必要があります。またポストが空かないことで、同等級での滞留年数が伸びているなら、中堅層のモチベーション低下が予想されます。場合によっては、モチベーション向上策が必要になるかもしれません。

また、企業は雇用している高年齢者を本人が希望すれば65歳まで継続雇用することが義務付けられています。

内閣府の就労意欲の調査において、60～64歳の高年齢者の4分の3、65～69歳の2分の1が仕事を続けたいと考えていました。今後、再雇用者が増えることで、再雇用時に、どのような仕事を担ってもらうかを前もって考えておく必要があります。仮に、派遣社員の仕事を担ってもらうことを想定するのであれば、これまでやってこなかった業務（例えばＥｘｃｅｌの関数やマクロ作成のような業務）に対応できるよう、リスキリングの場を用意する必要があります。人件費に問題はなくても、与える仕事がなければ雇用はできませんから、新規に仕事をつくったり、一つの仕事を複数人がシェアするワークシェアの導入も必要かもしれません。

高年齢者の雇用を「維持すべきでない」となれば、人員構成の偏りを解消するために、雇用マネジメント（採用・退職）を再考することになります。理想の平均年齢を設定し、その数値を目標にして、若手を計画的に採用するとともに高年齢者の退出を促す施策を充実させ、人員構成の適正化を図ります。また新卒や中途入社者が会社に馴染んで実力を発揮してもらえるようにオンボーディング施策（Ｐ２１７）を強化します。

このように社員情報（定量情報）を見える化し、時間軸を未来に進めることで、どのような状況になるかを予測し、それにより何が起こるかを予想した上で、問題が表面化する前に対策を講じていくことが重要です。

◉事実を掴む

人事データ（定量情報）を分析することで、人事管理上の問題や課題について議論できるようになります。一方で、社員が会社や仕事についてどのように思っているかといった、パフォーマンスに影響する問題や課題を議論するには、人事データだけでは不十分です。そのため、いくつかの方法を用いて情報収集します。

最もよく用いられるのがアンケート調査です。社員全体に簡便に行うことができ、等級別や年代別など様々な切り口から社員の状態を把握できるため、全体傾向を見るのに適しています。ただし、このような調査は、組織風土に大きく影響を受けることを考慮しなければなりません。組織によっては、個人の特定を恐れて無難な回答になりやすく、結果として、実態が把握できないことがあります。経営や人事に信頼感がなければ、アンケート調査から社員の本音を引き出すことはできませんから、アンケート結果を鵜呑みにすることは避け、実情との乖離が想定される場合には、ヒアリング調査を合わせて行います。Face to Faceで確かめることで、より現状を反映した情報が得られます。ヒアリングはアンケートと違って、質問に対してすぐに回答しなければならず、相手に余計なことを考えさせる間《ま》を与えないことから、本音を引き出しやすくなります。また会話に「間」をとることで、社員は話すつもりのなかったことでも、その場の雰囲気で話してくれることがあり、その中に重要な情報が含まれていることがあります。

しかしながら、アンケートやヒアリングによる調査には限界があります。社員の意見は、あくまで個人的な見方であり、社員全体の意見を集約したとしても、主観的な情報の集まりでしかありません。そのため、社員の評価が高ければ問題がなく、評価が低ければ問題であると判断するのではなく、一つひとつ吟味する必要があります。「ほとんどの社員が、会社に満足し、居心地が良いと感じている」こと自体が問題だと考える経営者もいます。ヒアリングに含まれる主観的な情報を〝事実〟として捉え、状況判断してしまうと、誤った施策につながってしまいます。

ただし、アンケートやヒアリングの結果は社員の今の状態を表していることは確かです。

なぜ社員はこのアンケート項目について、評価を高くつけているのか（あるいは低くつけているのか）を推測し、その原因を仮説・検証していくことが重要です。確度の高い原因を突き止めたら、その原因に対して適切な対策を講じていくことが企画担当者の仕事になります。

③事業環境の変化に適応する

どんな環境にも適応できる最適な組織というものは存在しません。環境が異なれば有効に機能する組織の形は異なります。

変化の少ない安定した環境もあれば、変化が継続的に起きる環境もあります。その環境が予測可能か予測不能かによって適応方法は異なります。例えば、環境変化のスピードが比較的ゆっくりとしていて、単純な変化であれば予測がしやすいため、トップが戦略を練り、トップダウンでスピーディに進めるのが効率的です。一方で環境変化のスピードが速く、複雑な変化に適応しなければならない場合は予測が難しいため、変化に最も近い現場で戦略を練る方が、より現状に即した施策を立案・実行でき、トップの意思決定に振り回されることもないため、スピーディに物事が進みます。

また事業内容によって環境適応の方法は異なります。装置産業のように大量生産を主とする産業で、流行に大きく左右されることがなければ、生産量を調整することで環境変化に適応できますが、少量多品種を主とする産業で、流行に大きく左右されるのであれば、新しい製品を生み出すために、既存製品にかける資源配分を変え、製品イノベーションに取り組むことで環境変化に適応していくことになります。

トップダウンの意思決定スタイルが環境変化に適応しやすいのであれば、トップの考えがきちんと末端の社員に伝わるように組織階層を通じて課題が展開され、それを元に行動することを重視した施策を考えることになるでしょうし、ボトムアップの経営スタイルが環境変化に適応しやすいのであれば、メンバー同士が情報を共有し、頻繁に相互作用することで現場の考えがスピーディに実現できるような、社員の動きやすさを重視した施策を考えることになります。

現行のビジネスを考えた際に、どのような組織が最適（理想的）なのかを考え、理想の組織像から人事企画を考えていきます。もし事業部ごとに理想の組織像が異なるのであれば、全社一律でなく事業部ごとに異なる施策を検討していくことになります。この場合、組織風土や組織文化が事業部間で大きく変わることが予想され、事業部間異動が難しくなることに注意が必要です。

3　個人と会社の関係性の変化

人事施策を検討するうえで、個人と会社の関係性をどう設定するかは重要です。特に生涯雇用を前提にするか否かで人材マネジメントの方針は大きく異なります。これまで日本の企業は新卒一括採用の形態をとり、年功序列で昇進昇格し、定年まで雇用することが通例となっていました。社員は会社都合で異動を命じられても、生活を守るために会社の命令に従うことが当たり前で、命令に従うことで社内の存在価値を高め、自己のキャリアを形成していきました。個人は「会社に尽くしていれば、自分のキャリアはちゃんと会社が用意してくれて、定年まで雇用を保証してくれる」という会社への期待と、会社の「生涯雇用を約束することを暗黙の条件に、会社命令に従い、異動した場所で成果を上げてもらいたい」という社員への期待は互いに都合が良く、今日でも多くの企業が生涯雇用を前提とした経営を行っています。

しかしながら、令和元年、大手自動車メーカーが日本自動車工業会の会見で「雇用を続ける企業などへのインセンティブがもう少し出てこないと、なかなか生涯雇用を守っていくのは難しい局面に入ってきた」と発言し、経団連の会長も同様に、「企業からみると（従業員を）一生雇い続ける保証書を持っているわけではない」と発言するなど、日本企業全体において生涯雇用を維持することが難しくなっています。

さらに令和3年4月に高年齢者雇用安定法の一部が改正され、希望した社員全員を70歳まで継続雇用することが企業の努力義務になりました。企業の成長は鈍化しているにも関わらず、雇用期間を延長することは、企業にとって大きな負担になります。

生涯雇用を前提にこれまでと同じやり方で採用を継続していると、社員数と総人件費は増える一方になります。企業の成長が追い付かなくなると、社員は余り、人件費が吸収できなくなります。若手の採用を抑制すれば年齢構成が偏り、次世代の幹部人材の確保や将来の高年齢者の一斉退職のリスクを背負うことになります。これらを回避するには、人材マネジメントの方針を見直し、これまでの退職率を抑える施策から新陳代謝を促す施策に転換することが必要です。例えば、社員が高年齢化すると、役職につかない社員でも、それなりに給与が高くなっていますから、人事制度を年功序列型から成果主義型へシフトし、成果を出せない社員にコストをかけないようにします。また早期退職優遇制度や再就職支援など、セカンドキャリア支援を充実させ自主的な退職を促します。既存社員を減らす一方で、採用力を強化し若手社員を増やすことで年齢構成を正常化させていきます。このような新陳代謝を促す施策は、社員のモラールに何かしらの影響を与えます。

会社が生涯雇用を保証しないということになれば、社員は自分の身は自分で守ることになります。会社の命令に従うべきかを判断し、いつでも転職・離職ができるように常に自分の労働市場での位置を意識しつつ、専門性を高めていく働き方に変わります。今いる会社よりも自分のスキルを評価してくれる、あるいは専門性を活かすことができる会社があれば転職をし、キャリアを積み上げていくという職業人生への転換です（もちろん今の会社で上位職を目指していく選択もあります）。

このような変化は、会社と社員の関係性が主従関係から対等な関係へとシフトし、キャリア形成が社員本人の自己責任になることを意味します。多くの経営者は社員が会社の命令に従順でなくなることのデメリットから、生涯雇用を維持したいと考えますが、「10年後、20年後も生涯雇用を維持します」と責任をもって明言できる経営者はいないのではないでしょうか。これまでは会社にいて仕事を覚えることで、なんとなくキャリアが築ける時代でしたが、これからは何を目的にこの会社で働くかを明確にするなど、具体的なキャリアプランを自己責任で立てることが必要になります。

また会社と社員が対等な関係になることで、個人は、これまで以上に自己研鑽に取り組み、会社に必要とされる人材であり続ける努力が求められます。一方で会社は、個人のキャリアにとってプラスの経験が積める場を提供したり、労働環境を改善したり、風通しのよい職場づくりに取り組んだりと、会社の魅力を高めることで社員に選ばれ続ける努力が求められます。本当の意味で会社と個人がＷＩＮ－ＷＩＮの関係を築くことが、これからの人材マネジメントの重要なテーマだと言えます。

最悪なのは、生涯雇用を前提に社員にキャリアを積ませることなく、業績が悪くなったからといって希望退職を募ることです。対象になった中高年齢の社員は「会社に騙された」と感じ、若手の社員はキャリアを積む制度もなく、業績によっては退職を迫られる会社に魅力を感じず、離職していきます。企業からすると、そのような事態は避けなければなりません。

「個人と会社の関係性はどうあるべきなのか（どう変化させるべきなのか）」、この問いの解を軸に、一貫性のある人材マネジメントを実現してもらいたいと思います。

Ⅳ　人的資源開発（人材開発）

1　人的資源開発（HRD）と人的資源管理（HRM）

人材マネジメントの問題を解決する切り口には「人的資源開発（Human Resource Development）」と「人的資源管理（Human Resource Management）」の二つがあります。本書において、人的資源開発は個人開発（最適配置・能力開発）と組織開発（組織活性化）から構成され、人的資源管理は入社や退職といった人材の出入りを管理する人事管理、評価、報酬から構成されます。お互いに相互補完的な関係で要素の一つひとつは密接につながって

図4　人材マネジメントの全体像

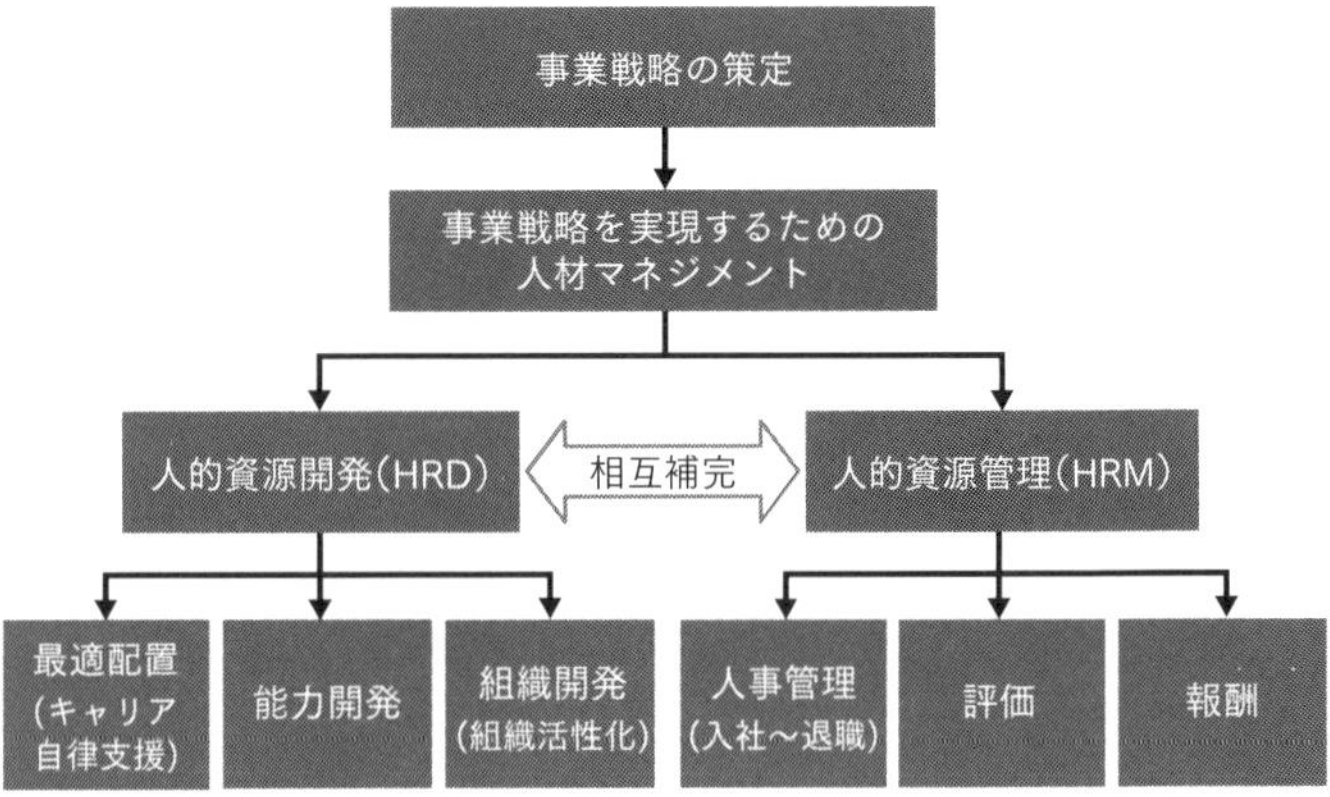

います（図4）。

2　組織は戦略に従う

企業の競争環境が激しくなると、戦略の実行難易度は上がります。どんなに優れた戦略でも、社員の能力が追い付かないと、実現不可能で絵に描いた餅になってしまいます。一方で社員の能力に見合った戦略を実行しても、競合他社が一つ上の戦略を実行していたなら、経営目標は達成できないでしょう。VUCAの時代を生き抜くには、既存の組織能力から戦略を考える「戦略は組織に従う」ではなく、戦略ありきで組織能力を引き上げる「組織は戦略に従う」

図5　戦略と人材開発の連動

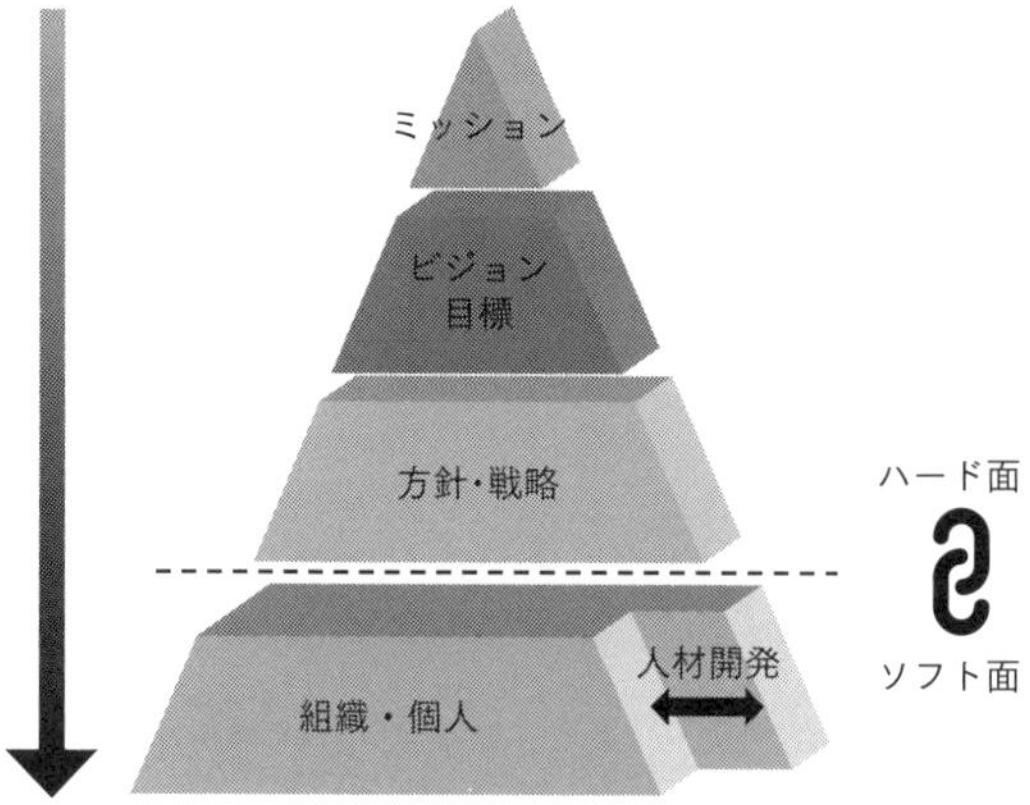

との考えで組織づくりを行っていかなければなりません。そのためには戦略実行の不足部分を補う人材開発の取り組みが重要になります（図5）。

3　人材開発とは

人材開発とは、「個人のパフォーマンスを最大限に引き出し（→個人の成長）、組織を活性化することで、組織のパフォーマンスを最大化すること（→組織の成長）」を言います。

これを図式化すると次のようになります（図6）。

個人のパフォーマンスを最大限に引き出すに

図6　人材開発のイメージ

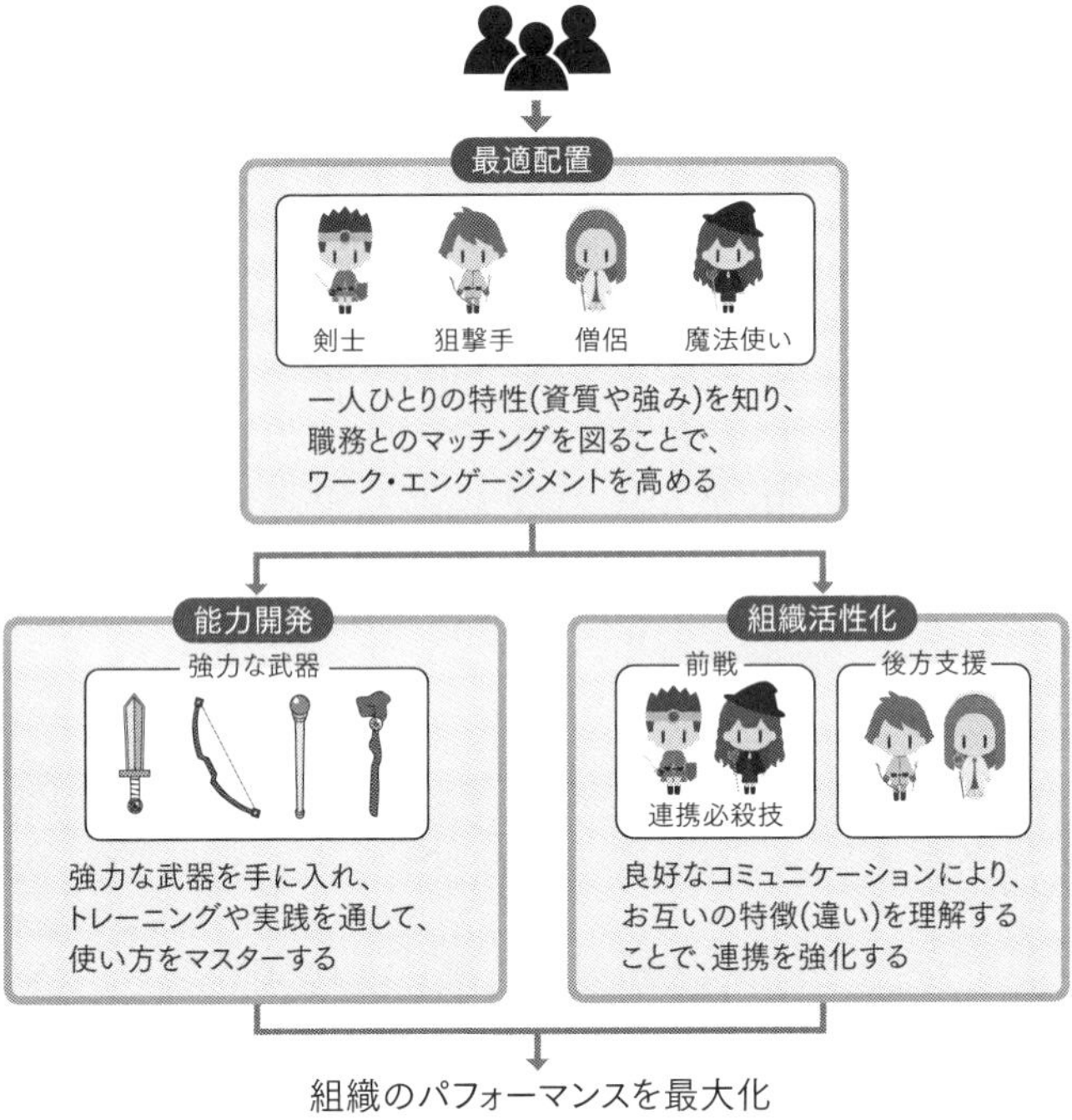
最適配置
剣士
狙撃手
僧侶
魔法使い
一人ひとりの特性(資質や強み)を知り、
職務とのマッチングを図ることで、
ワーク・エンゲージメントを高める
能力開発
強力な武器
強力な武器を手に入れ、
トレーニングや実践を通して、
使い方をマスターする
組織活性化
前戦
後方支援
連携必殺技
良好なコミュニケーションにより、
お互いの特徴(違い)を理解する
ことで、連携を強化する
組織のパフォーマンスを最大化

は、まず個人の特性（資質や強み）を活かした配置（最適配置）を行います。個人の特性に合わない仕事を与えてしまうと、期待するパフォーマンスが発揮できないどころかストレスが持続的にかかり、健康を害してしまうかもしれません。

特性に合った仕事を与えることができればポジティブな心理状態で仕事ができ、頑張れるようになります。

次に個人のパフォーマン

スを最大限に引き出すために能力開発を行います。能力開発には2つの意味があり、一つは、すでに持っている能力を強化し、それに磨きをかけること（開花させる）、もう一つは、新しい能力を獲得する（芽を出させる）ことです。知識やノウハウを学び、トレーニングや実践を通して身に付けていくことで、個人はこれまでできなかったことができるようになります。

最適配置と能力開発で個人のパフォーマンスを引き出しただけでは十分とは言えません。なぜなら個人のパフォーマンスの総和が必ずしも組織のパフォーマンスにはならないからです。複数人で仕事をする場合、お互いのことをよく知らなければ、無難なやり方で進めようとします。このため個人の能力を活かしきることはできません。

良好なコミュニケーションにより、何でも言い合える風通しの良い組織をつくることで、組織メンバーの特徴（違い）がわかり、お互いの特長を活かした連携ができるようになります。これにより組織のパフォーマンスが最大化します。

これらを実現するには、個人のモチベーションと組織のモラールが高い状態で維持される必要があります。

個人のモチベーションは外発的動機付けと内発的動機付けに分けられます。マネジャーとメンバーが目標を共有し、行動した結果がきちんと評価され、報酬として支払われること、これは外発的動機付けであり、これによりやる気が生まれます。一方で、内発的動機付けは、その人の内側から湧き上がってくるもので、やる気にドライブをかけるものです。キャリアビジョンの実現に向け、適性のある仕事が与えられ、能力開発の機会が提供されることで、やりがいや成長実感につながり、やる気の高い状態を維持することができます。

組織のモラールは、士気、団結力、集団への帰属意識といった意味があり、組織メンバーが目標に向かって一丸となって行動する時の意気込みを表しています。メンバーが納得し共感できる組織ビジョンがあり、それを実現するマネジメントが存在し、個人の力を十分に発揮できる環境（組織文化や組織風土）が整っていることで、組織のモラールは高い状態で維持され、組織のパフォーマンスが最大化します。

個人と組織のパフォーマンスには3つのトライアングルが関係しています（図7）。

例えば、上司からモチベーション対策をするようにと言われても、モチベーションという意識レベルに直接作用する向上策は存在しません。インセンティブは外発的動機付けであり、

図7　モラールとモチベーション

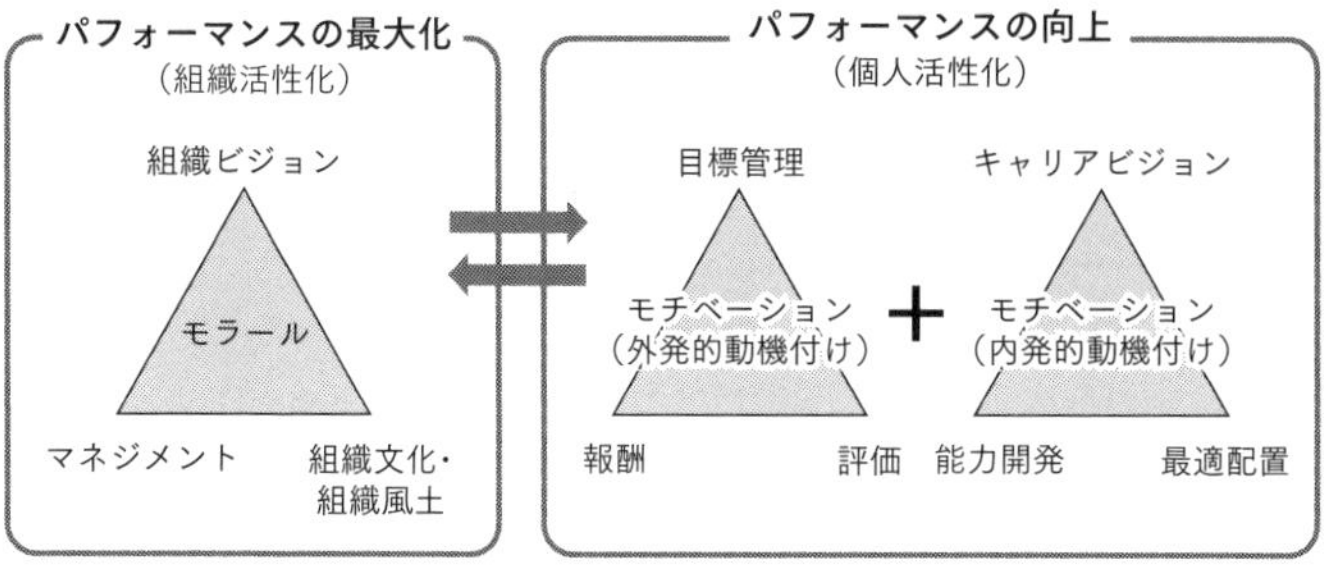

カンフル剤にはなりますが、持続的に高める効果はなく、インセンティブを継続すればマンネリ化し効果は薄れ、なくせばモチベーションは低下します。

組織のモラールも同じで、直接作用する向上策はありません。トップに組織のモラールが低いのはマネジャーのマネジメント力に問題があるからだと指摘され、マネジメント力を強化したとしても、マネジメント力は問題を構成する一部でしかないため、問題は解消しません。

さらに人的資源開発（以下、人材開発）は人的資源管理に大きく影響を受けます。

社員は労働の対価として報酬を得ます。もし労働と報酬が釣り合っていないと感じたなら、あるいは努力をして成果を上げたにもかかわらず報酬が変わらなかったとしたら、今以上に自分の能力を上げて、もっと大きな成果を上げようとは思いません。適当に仕事をするか、すぐに転職をするかのどちらかになるでしょう。適当に仕事をしようと考えている人に人材開発は無効ですし、すぐに転職されてしまったら人材開発の進めようがありません。

管理職のほとんどを外部調達し、中途入社者で埋めているとしたら、プロパー社員は、管理職にはなれそうもないからと頑張ることを諦めてしまうかもしれません。多様性を取り入れることは組織活性化に良いことですが、社員に新たな経験をさせるよりも、他社で経験した人を中途採用で調達する方が成果の上がる確率が高く、成果が出るまでのスピードが速いという理由で、経験を積む場を奪ってしまうと人材開発は機能しなくなります。

このように人材開発を機能させるには、人的資源管理も合わせて考えていくことが大事です。

① 一貫性のある仕組み

例えば、社員が会社の望む方向に動いてくれない、社員のモチベーションが低いという問題があるとします。この場合、社員に直接アプローチするようなモチベーション向上策を考える前に、会社の制度や仕組みに問題があるのではないかを疑います。「やるべきことを明確にする（目標管理）」「やったことを評価する（評価制度）」「やったことに報いる（報酬制度）」のいずれかに問題はないか、あるいは、これらの仕組みが一貫していないことが問題ではないかを人事データ（定量情報）やパフォーマンス情報（定性情報）から検証することが大事です。会社の方針や戦略に沿って行動し、その成果や結果について、きちんと評価され、得られる処遇に納得感があれば、社員は会社の意図に沿って行動するようになります。

また、これらの仕組みに問題がなければ、「やり方を学ぶ仕組み（能力開発）」に問題があるかもしれません。やるべきことが明確でも、どうすればよいかがわからないことから、モチベーションが低下していることが考えられます。

◉評価は運用が大事

「やったことがきちんと評価される」というのは、方針・戦略に沿って行動し、会社に貢献した（成果を上げた）人が等身大（過大・過少することなく）で評価されるということです。成果の大きさは個人によって異なるため、必然的に評価に差が生じることになります。もし、社員全員が同じ評価だとしたら、他者よりも頑張って成果を上げたと自己評価する社員から不満の声が上がり、その人のモチベーションは低下してしまいます。「やってもやらなくても評価は変わらない」と学習することで、その人たちは、ほどほどの仕事しかしなくなります。そうならないように評価にきちんと差をつけることが大事になります。

評価には、あらかじめ定めた評価分布に対象者をはめ込む〝相対評価〟と期初に設定した目標にどの程度達成したかで評価を決める〝絶対評価〟があります。相対評価は対象者を比較して序列を決めるため評価の差をつけやすいですが、レベルの高い組織に所属していると高い評価を得ることは難しく、少人数の組織だと評価が中央によりやすいため、社員の納得感は得られにくくなります。

絶対評価は個人に向き合って評価するため、「どうすれば評価が上がるのか」「どうして今回の評価結果になったのか」といったフィードバックがしやすく、本人の納得感が得られやすいですが、目標の難易度や評価基準の設定の仕方によって評価の甘辛が生じやすくなるため、公正な評価が難しく評価の差をつけづらくなります。相対評価と絶対評価のどちらにもメリット、デメリットがあるため、上司と本人の一次評価だけで済ませず、二次評価によって客観性を担保するなどデメリットを軽減したうえで報酬に結びつけることが大事です。

多くの企業では社員の評価は上司による一次評価と事業部長や本部長による二次評価という二段構えの構造をとっています。もし事業部長や本部長が「つじつまが合うように自分たちの都合よく二次評価を決めている」と社員が感じてしまったなら、社員は「いかにして事業部長や本部長にアピールするか」に力を入れるようになり、組織全体が内向きになってしまいます。

仮に、二次評価が一次評価よりも下がってしまったなら、上司は、その理由を本人にきちんとフィードバックしなければなりません。なぜなら社員は、事業部長や本部長が、社員一人ひとりのパフォーマンスをよくわかっているとは思っていないからです。なので「評価を下げられた」ことについて、上司がきちんと事業部長や本部長に自分の仕事ぶりを伝えてくれなかったからではないかという疑念を持つようになります。部下からすると「やったことがきちんと評価された結果、評価が下がった」と思える説明を受けることができなければ、納得には至りません。そのため二次評価は、事業部長や本部長といった個人に任せるのではなく、部下のパフォーマンスを良く知っている一次評価者同士が議論し、二次評価を決めるような透明性のあるフローにすることで、客観性を担保します（この場合、事業部長や本部長は決裁者としての位置付けになります）。きちんと評価者間で議論することで、一次評価と二次評価の結果が異なった場合に、その経緯を本人にきちんとフィードバックできるようになります。これにより部下は「やったことがきちんと評価されている」と感じ、評価の納得性が上がるとともに、次に向けて「頑張ろう」と、モチベーションが上がります。自己研鑽意欲も高まることから、評価の納得性を上げることは人材開発に良い影響を与えます。

◉評価に組織貢献を加える

個人業績のみで賞与のメリハリをつけると、個人活動が優先され、ともするとチームワークが失われてしまいます。これを避けるために、組織貢献を評価指標に加えます。個人目標の達成だけでなく、組織目標に対しても達成意欲が生まれ、組織活動全体に良い影響をもたらします。

個人活動を優先することを奨励する企業もありますが、これにより個人商店化が進んでしまうと、社員は利己主義に陥り、自分が組織メンバーよりも優位に立てるように、情報を囲い込むなど、情報を共有したり教え合ったりすることがなくなります。新人や中途入社者にとって、仕事を習得しづらい環境ができあがり、人が定着しない組織になってしまいます。評価指標は社員の行動を方向づけることから、意図せず組織活性化に影響を与えていることがあります。

◉報酬（賞与）はメリハリが大事

企業は事業活動で得た利益が一定水準以上である場合に、その利益を社員に賞与として還元します。

評価に差をつけたとしても、賞与にほとんど差がなければ、評価そのものの重みがなくなってしまいます。どの程度の差をつければよいかという目安はありませんので、東京都産業労働局の中小企業の賃金事情や経団連の夏季・冬季賞与一時金調査結果の概要などを参考にするのがよいでしょう。ちなみに東京都産業労働局の中小企業の賃金事情（令和4年版）によると、査定等による賞与格差は10％未満（29・7％）、10－20％未満（23・8％）、20－30％未満（13・0％）、30－40％未満（5・4％）、40－50％未満（3・2％）、50％以上

（6・7%）、格差なし（18・2%）となっています。賞与を生活給として捉えている企業は、社員の生活の安定を重視するために賞与格差を小さくし、成果への報酬と捉えている企業は、社員に成果に拘ってもらいたいという理由から賞与格差を大きくします。

人材開発は人的資源管理（人事管理、評価、報酬）と密接に関係しているため、必要であれば人材マネジメント全体（P.48、図4）を一から見直します。

②人材の多様化（画一性から多様性へ）

組織力を高めるには、様々な考えや能力を持つ人たちがお互いに作用し合うことが大事です。人材開発の効果は人材の多様化と密接につながっています。一般的に5～7年程度、同じ組織に所属していると、その組織メンバーの視野は狭くなり、かつ思考も近しくなると言われます。社内だけで人材開発を完結してしまうと、自社のパラダイムから抜け出せず、イノベーションが生まれにくい組織になってしまいます。また社内だけでは挑戦する機会の提供に限界があるため、社外に目を向け、情報の収集や経験の機会を確保していくことが大事になります。様々な価値観や考え方に触れることで、自社では「これが普通だ」と思っていることでも、実は「普通ではない」ことに気づくことがあり、これがアイデアを生み出すキッカケになります。皆が同じ価値観や考え方であった方が合意形成はしやすく、マネジメントの負担は減りますが、特に予測不能な変化や小さな変化が継続的に起こるような事業環境の場合、マネジメントが複雑になるリスクをとってでも、人材の多様化を進め、会社の変化適応能力を高めていくことが大事になります。

イノベーションとメンバーの多様性（図8）
～ホームランを狙えば三振が増える～

縦軸は「イノベーション（特許）の金銭的な価値」を表し、横軸は「メンバーの多様性」を表しています。メンバーの多様性が低いと中程度の変化にしかなりませんが、多様性が高くなることで、ブレイクスルーが起き、大きな変化を生み出すことができます。ただし平均値を見ると、多様性が高まるほど低下し、失敗の総数も増えていくことから、イノベーションは、失敗を許容し、根気よく進めていくことが大事になります。

図8　イノベーションとメンバーの多様性

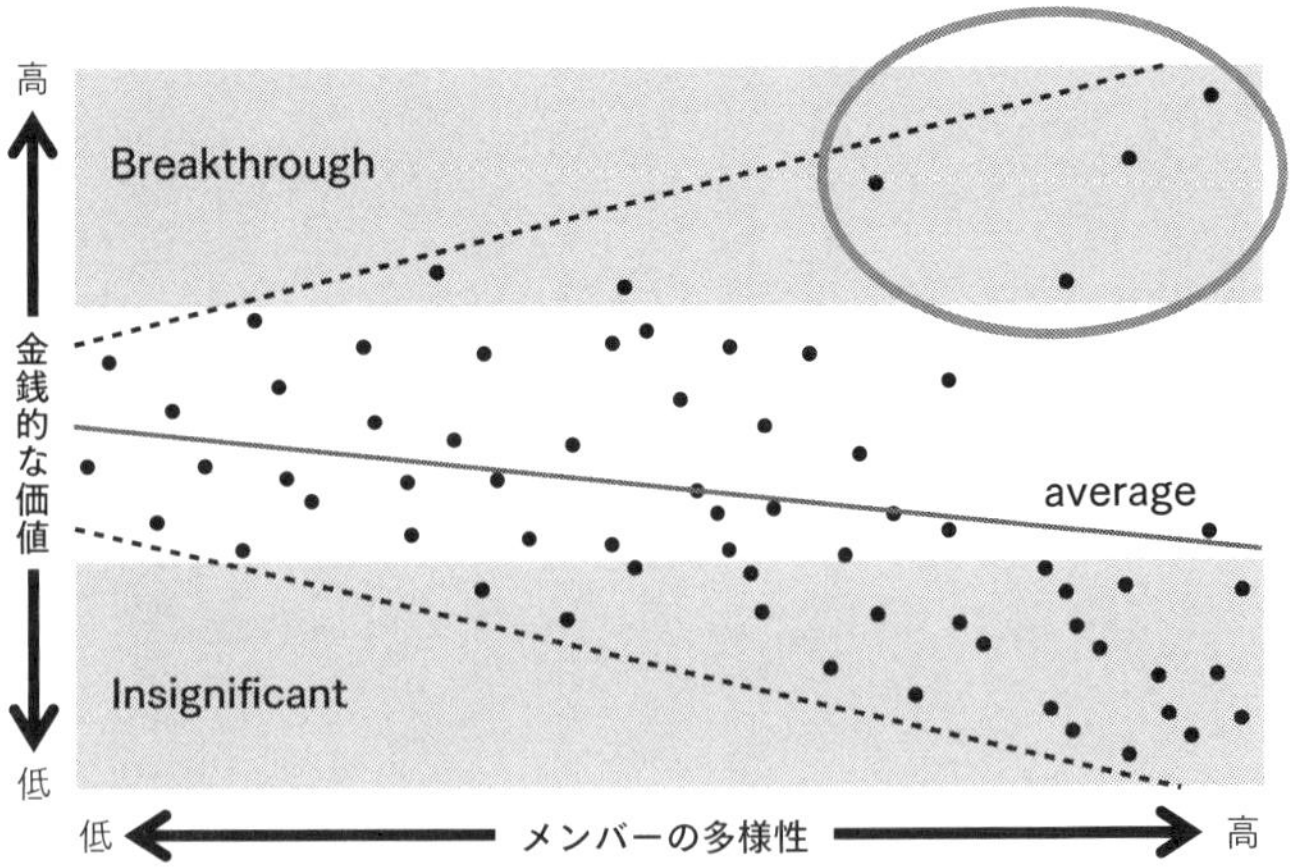

出所：Fleming Lee, Perfecting Cross-Pollination, HBR, September 2004.
邦訳（『「学際的コラボレーション」のジレンマ』DHBR 2004年12月号）

人材の多様化を促進する方法として、中途採用の促進や出戻り人材の活用、越境学習による成長機会の提供があります。これらについては、Ⅶ章の「組織の活性化」で記述します。

V 最適配置

1 最適配置とは

継続雇用制度の導入により、社員の高齢化が進み、代謝（社員の入れ替わり）が低下する中、企業が売上・利益を上げていくには、既存社員の潜在能力を十分に引き出し、組織力を上げていくしかありません。その方法の一つとして、個人の特長を生かした最適配置を実現する仕組みをつくります。

仕事には、好きな仕事／嫌いな仕事／好きでも嫌いでもない仕事があり、その一つひとつにおいて、得意な仕事／苦手な仕事／得意でも苦手でもない仕事（苦もなくこなしている仕事）があります。好きな仕事で得意な仕事であれば、100％の力を発揮して成果を上げられるでしょうが、嫌いな仕事で苦手な仕事の場合、持てる能力を十分に発揮することができず、高い成果を上げることはできません。適性に合った仕事をする人の生産性は、そうでない場合と比較して、2・5倍になるという研究結果もあります。

仕事の成果が出ないことを個人の問題として捉えてしまうと、仕事に適応できなかったのは本人の問題であるとの結論になり、別の人に変えればよいという発想になってしまいます。それでは社員は疲弊するばかりで、社員の自己肯定感は低下し、組織のモラールも低下します。これは個人に問題があるのではなく、個人の特性（資質や強み）に合わない仕事を割り当ててしまったことが問題です。優秀な人を配置転換して別の仕事をさせてみたものの、期待する成果が上がらなかったという話はよくあります。

ピーター・ドラッカーは、「強みのみが成果を生む。弱みはたかだか頭痛を生むくらいのものである。しかも弱みをなくしたからといっても何も生まれはしない。弱みをなくすことにエネルギーを注ぐのではなく、強みを生かすことにエネルギーを費やさなければならない」と述べています。

一般的に社員の3分の2が「強み」を活かした仕事に就けていないと言われています。それは、ほとんどの人が自分の強みや周囲にいる人たちの強みを知らない、あるいは知っていても相手にうまく伝えることができないことが原因です。

また私たちは足りない部分（欠点）に目が行きがちです。仕事において、問題点（悪い所）を探して、改善することを行っていますが、人に対しても同じような見方をしてしまいます。その人の弱みの部分に焦点を当ててしまうことで、「強み」を生かす仕事ではなく、「弱み」を回避する仕事を与えがちです。これにより失敗が起きにくい組織にはなりますが、同時に成功が生まれづらい組織になります。

個人の特長のバラツキは多様性そのものであり、その人の持ち味です。持ち味を生かせる仕事を与えることができれば、自ずと本人も努力するようになり個人の力を最大限に引き出すことができます。

ギャラップ社の調査で、自分の強みを活かして仕事をしている人は、弱みに意識を向けて仕事をしている人に比べて、仕事に熱意を感じて楽しんでいる割合は6倍、人生を心から楽しんでいる割合は3倍という結果が出ました。日々、自分の強みを生かすチャンスに恵まれ、強みを磨いて成長できていると感じている人は、仕事の幸福度が高くなりますが、自分の強みを生かせずに仕事をしていると感じている人は、週20時間までは元気に働けるものの、20時間を超えてくると、働けば働くほど心身の疲れが蓄積することがわかっています。仕事は感情に大きく左右し、充実感、達成感はプラスに働き、閉塞感、焦そう感はマイナスに働きます。生産性に影響するだけでなく、マイナスのサイクルが続くことで、うつ病の確率も上がるという調査結果もありますから、個人の強みを活かした仕事を与えることは、成果を生み出すだけでなく、社員の健康を守る意味からも重要です。

また個人の強みを生かすことはキャリア形成にも大きく影響します。

会社の規模が拡大している時期は、自ずとポストは増え、キャリア形成の機会がありましたが、現在は多くの日本企業が停滞や縮小の時期に入っています。そのためポストは増えることなく、経験を積める機会が少なくなりました。

これまで日本は生涯雇用が主流でしたが、持続的な規模拡大が難しくなり、大企業であっても一社の中で雇用を継続することは困難であると言われます。このような時代の変化から経営者の生涯雇用に対する価値観は変化しています。

つまり自社で雇用を保証する代わりに、自社をいつ辞めても他の企業に雇用される能力（外的エンプロイアビリティ）を身につけてもらうことが、結果として会社と社員のためになるという価値観へのシフトです。そのためには、個人の特性や個人の成長の方向性にあった仕事を与えていくことが大事になります。優秀な人材ほど、自分のキャリアを会社に左右されることに抵抗を持ちます。マイナビ転職が公表している「新入社員の意識調査（2022年）」では、新入社員の約半数が10年以内の退職を想定しており、今の会社で働き続けない理由として、男性が「キャリアアップ」、女性は「ライフステージに合わせて働き方を変えたい」を挙げています。企業側の雇用を保証するという発想は、若手社員には響きづらくなっているのではないでしょうか。

企業は優秀な人材が他社に転職しないように、雇用する能力を身につけていく必要があります。この雇用する能力を「エンプロイメンタビリティ」と言います。エンプロイメンタビリティを高めるには、社員から見て働き続けたいと思えるような魅力的な企業になるよう、給与や報酬といった金銭的報酬だけでなく、ライフワークバランスや長時間労働をなくすといった非金銭的報酬に力を注いでいくことが大事になります。

エンプロイアビリティ

エンプロイアビリティには社内価値を示すものと市場価値を示すものの二つがあります。

内的エンプロイアビリティ（社内価値）は、今の会社に必要とされていて、今の会社だからこそ活かせる能力を持っていることを言います。それに対して外的エンプロイアビリティ（市場価値）は、今の会社だけでなく他社でも活かせる能力で、社外でも通用するレベルを言います。外的エンプロイアビリティを高めていくことで、今の会社でキャリア形成の機会がなければ、他社に転職しキャリア形成の機会を得ることができます。

キャリア形成を、社内価値を高める方向に進めるか、社外価値を高める方向に進めるかは、個人にとって難しい選択です。

図9　従業員エンゲージメントの国際比較

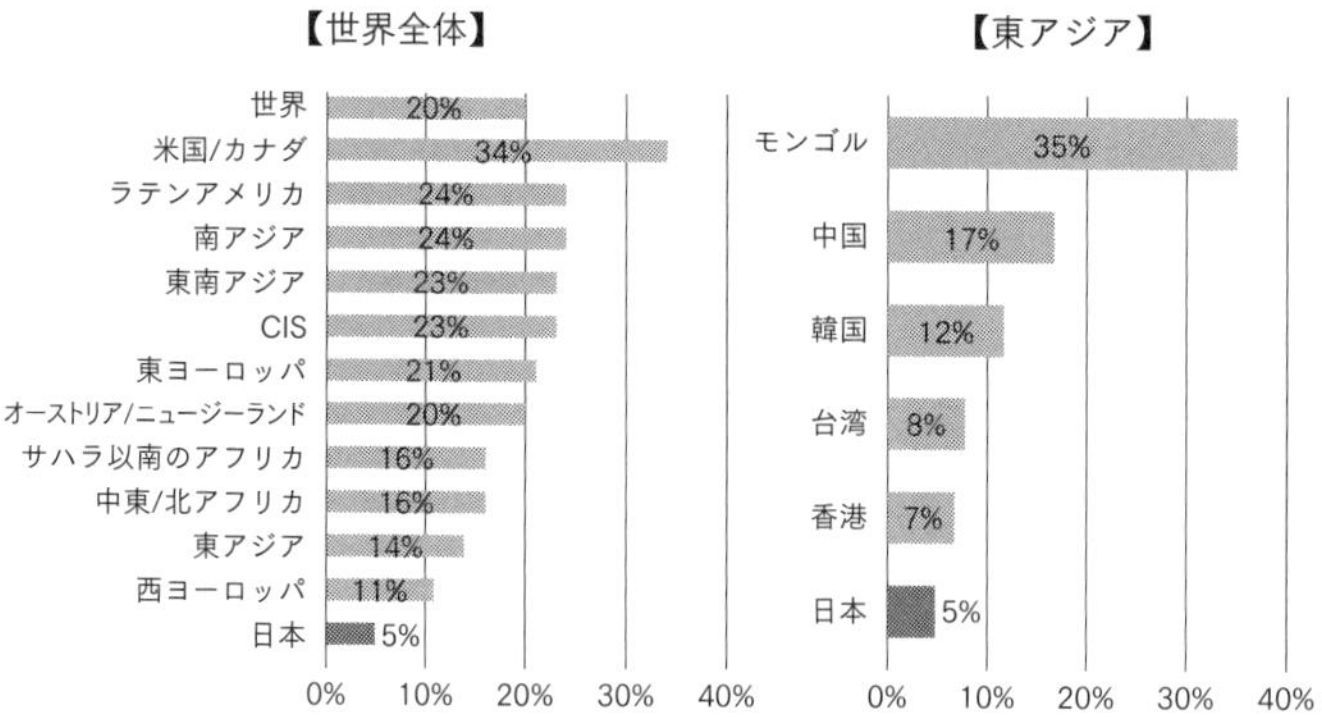

出所：GALLUP「State of the Global Workplace2021」を基に経済産業省が作成

従業員エンゲージメントの国際比較調査において、日本は世界と比較して従業員エンゲージメントが低い国であるという結果が出ました。この調査では、従業員エンゲージメントを「個人と組織の成長の方向性が連動していて、互いに貢献し合える関係」と定義しています。そのように思えている従業員は、世界平均で20％ですが、日本はわずか5％程度であり、東アジアに絞ってみても最低水準となっています（図9）。

これまで多くの企業が、互いに貢献し合える関係を目指してこなかったことを裏付けるデータです。日本企業はこれまで終身雇用の考えのもと、多能工化（マルチスキル化）を推進してきました。マルチスキル化は業務負荷を均等化することで、最小の人件費で業務を回すことができ、退職時のリスクを回避できるなど組織側のメリットは大きいですが、個人においては一貫したキャリア形成が困難であり、自身の成長の方向性を定めることは難しくなります。日本の従業員エンゲージメントの低さは、このような企業と社員の関係性を反映しているのではないかと考えます。今後、会社は最適配置によって個人にキャリア形成の機会を提供し（個人への貢献）、個人は仕事の成果を上げる（会社への貢献）ことで、会社と個人の両方がともに成長できる関係を築くことができれば、従業員エンゲージメントは上がっていくのではないでしょうか。

2 最適配置の進め方

では、どのようにして最適配置を実現すればよいのでしょう。本人の意向を踏まえた配置というだけでは不十分です。本書では、最適配置を「仕事と個人のマッチングを図り、人的リソースを最大限に活かすこと」と定義しています。メンバーシップ型の企業のように、適材適所の考えで配置を行う場合、ジョブローテーションにより、実際に仕事をやらせてみて適性を判断します。ただし、ジョブローテーションは3～5年ごとに業務を変えていくことから、適性あり・なしの判断に時間がかかってしまいます。そのためスペシャリストが育ちにくいというデメリットがあります。仕事と個人のマッチングは仕事を与えてみないと判断できないと思うかもしれませんが、事前に予想することは可能です。つまり「仕事に求められる資質・能力」と「個人の資質・能力」を見える化し、比較することで、仕事の適性がどの程度あるか、その人の強みを生かすことができるかが判断できます。マッチングにあたっては、まず仕事に求められる資質・能力について、職務分析を行い、あらかじめ職務記述書に職務への任用要件として整理しておきます。

資質とは『無意識に繰り返し現れる思考、感情、行動のパターン』を言います。（こんなことはあり得ませんが）同じ状況下で、同じ仕事の場面に置かれた二人がいるとします。その二人は同じ行動をとることはありません。それぞれ別の行動をとります。どちらの行動が良いかではなく、人は無意識に自分に心地の良い行動をとります。例えば、ある仕事を任せた場合に、既存ルールに従って物事を進めようとする人もいれば、既存ルールを重視せずに、新たなやり方でやってみようとする人もいます。前者であれば既存ルールを調べることから始めるでしょうし、後者であれば関係各位にヒアリングを行うなど、効率のよい（あるいは効果的な）方法を探ることから始めるでしょう。

このことは資質が異なれば、自ずと行動が異なることを意味します。

後者の人材に、既存ルールの詳細を理解し、従うように求めたとすると、本人はそのような仕事の進め方が合わずにストレスに感じるかもしれませんが、その仕事ができないわけではありません。時間の経過とともに徐々に慣れていく人もいますが、長期に仕事を継続することでストレスが蓄積していく人もいます。仕事の成果を継続的に上げていくのであれば、自分の資質に合った職務を選択することが理想です。職務の特性上、このような資質であることが望ましいということがわかっていれば、仕事を与える前に、その人に向いている仕事かどうかが判断できます。

一方で、その人に向いているという理由だけで、その仕事に適性があるわけではありません。仕事を遂行する能力が備わっているかの判断も必要です。

日本版O－NET

厚生労働省の職業情報提供サイト（日本版O－NET）は、「ジョブ」（職業、仕事）、「タスク」（仕事の内容を細かく分解したもの、作業）、「スキル」（仕事をするのに必要な技術・技能）等の観点から職業情報を「見える化」していて、どんな仕事に向いているかの自己理解に役立ちます。

①コンピテンシーの導入

仕事を遂行する能力が備わっているかはコンピテンシーで判断します。コンピテンシーとは安定的に高い成果をあげる人がどんな能力に秀でているかを言語化したもので、これを体系的に整理したものをコンピテンシー項目と言います。コンピテンシーを導入することで、共通言語ができ、能力上の強み・弱みについて他者と意思疎通が図れるようになります。

会社によって優秀な人材は異なります。また職務内容によっても求められるコンピテン

図10　コンピテンシーを活用したマッチング

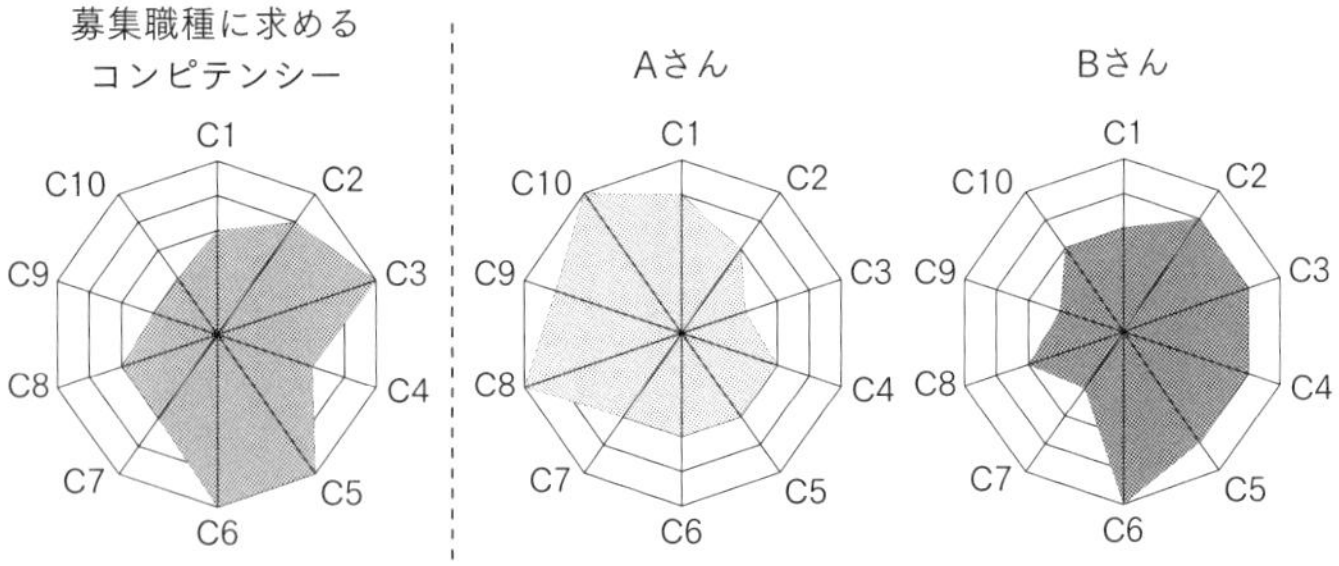

シーは異なるため、モデルケースを参考に自社オリジナルで作成する企業もあります。

モデルケースの例として、ライルM・スペンサーとシグネM・スペンサーが開発した6領域20項目からなる「コンピテンシー・ディクショナリー」やWHOが公表している「WHOグローバル・コンピテンシー・モデル」などがあります。また厚生労働省のホームページに掲載されている「職業能力評価基準」は、「成果につながる職務行動例（職務遂行能力）」を、業種別、職種・職務別に整理しており、コンピテンシー項目を作成する際の参考になります。こうしたモデルケースをもとに、自社にフィットしたコンピテンシー項目を作成します。ただしコンピテンシーは多岐にわたることから、項目出しからレベル設定まで一から作成しようとすると時間や手間が膨大にかかってしまいます。そのため費用はかかりますが、コンサルタント会社が保有しているコンピテンシーを活用し、自社に適したものを作成するのが効率的でしょう。

コンピテンシーを用いた最適配置で大事なのは、個人の総合力ではなく、能力の特徴を見てマッチングを判断することです。例えば、募集職種に求めるコンピテンシーとAさんとBさんのコンピテンシーを比較すると、Bさんのコンピテンシーの方が募集職種の期待値の波形と似ていることがわかります（図10）。Aさんのコンピテンシーの波形は明らかに異なっており、一部のコンピテンシーは、求めるレベル以上のものを保有していることから（オーバースペック）、他の職務の方がAさんの強みを発揮できると判断します。結論としては、「Bさんを任用すべき」となります。もちろん資質や本人のやる気、キャリア志向等を総合的に判断したうえで最終決定する必要があります。

②職務記述書の活用

職務記述書は、仕事と個人のマッチングを図るためのツールです。職務内容（ミッション・主要業務）、必要な経験、コンピテンシーの要件（項目・レベル）、その他の要件（資質・語学等）を記載しますが、コンピテンシーの要件は共通項目と専門項目ともに育成開始レベル（下限値）と即戦力レベル（期待値）を明示するようにします。

共通項目とは経営理念由来のコンピテンシーで、専門項目とは職務由来のコンピテンシーです。経営理念由来のコンピテンシーは経営理念の実現を目的に設定するもので、全社員に求める共通のコンピテンシーになります。経営理念は抽象度が高く、仕事との結びつきがイメージしにくいため、社員に伝わりづらい特徴があります。理念が浸透するとは、会社の価値観に沿った行動が強化され、経営目標の実現可能性が高まっている状態を言います。

価値観に沿った行動を複数のコンピテンシーで表現し、継続的に強化することで社員に行動変容を促し、経営目標の実現に近づけていきます。

職務由来のコンピテンシーは、専門性を中心としたコンピテンシーの構成になるため、職務内容によって項目は異なります。

職務記述書の整備と合わせて、マッチングを図るために個人情報も整理します。履歴書やこれまでの職務経歴、業績評価、コンピテンシー評価、その他（資質、資格、語学、キャリア志向など）について情報収集・蓄積します。

職務情報と個人情報が一元管理されていると、ある職務の候補者を一覧で見ることができマッチングが図りやすくなります。

マッチングは、コンピテンシーの要件が期待値に達していなくても下限値に達していれば、育成を前提とした配置を行い、仕事を通じて成長することで、期待値に達してもらいます。即戦力の人材が必要な場合は、コンピテンシーの要件を中途採用の要件とし、社外から調達します。

3　キャリア自律支援との連動

会社全体の最適配置を実現するには、通常の異動時のマッチングだけでは、かなりの時間がかかってしまいます。とは言え、社員全員の特性（資質・能力）を人事が見て、配置することは現実的ではありません。そこでキャリア形成は自己責任という方針のもと、キャリア自律支援をスローガンに、キャリア自律に積極的な人材（挑戦する機会を望んでいる人材）に異動の機会を提供します。キャリア意識の高い人にチャンスを与えることで、社員全体のキャリア意識を高めることにもつながり、最適配置のスピードも上がります。

そのためには、社員にキャリア教育を実施し、キャリア自律の意識付けを行っていくことが大事になります。会社に長くいると、自分はこんなに会社に尽くしているのだから、「自分の将来は会社がきちんと考えてくれているだろう」と自分の人生であるにもかかわらず会社（他人）に預ける思考が根付くようになります。またキャリア教育を行っていない多くの企業では役職が上がっていくことがキャリアであるという認識が定着しています。そのような状態でキャリアプランを書かせてみても、どこか他人事であり、大半の人は今の仕事の延長線上でしかキャリアをイメージすることができません。

これでは社員にキャリア自律を意識付けしようとしても、個人は、今更そんなことを言われてもと困惑し、上向きのキャリアしか想像できなければ、ポジションの数は決まっているし、自分ではどうにもならないではないかという負の感情に陥ってしまいます。そんなことにならないように、キャリアプランを考えさせるにあたって、最低限の支援を行う必要があります。

①職務情報の提供

一つ目の支援は、個人がキャリア目標をもてるような職務情報（自社にどのような職務があるのかなど）を提供することです。上司とキャリア面談を定期的に行っていても、上司が自社にどのような仕事があるのかを知らなければ、上司の知っている範囲でしか話は広がりません。そうなると、どうしても昇進・昇格の話になりやすく、上方向のキャリアに限定されてしまいます。

これを続けていてもキャリアの幅は広がりませんし、今の職務以上に活躍できる職務が社内にあったとしても、個人と職務をうまく結びつける有効な仕組みがなければ、個人の能力を最大限に発揮することはできません。これは本人にとっても会社にとっても大きな損失です。

また部門を跨ぐキャリア展開を部下が望んでいたとしても、上司は異動の権限がないために支援が難しいといったことも起こります。部下によっては上司の顔色を見て組織外への異動について話をしないこともあるでしょう。キャリア面談を行う企業も増えてきましたが、毎年、このような状況が繰り返されているとしたら、キャリア面談は形骸化し、キャリア自

図11　キャリア自律に向けたインフラ整備

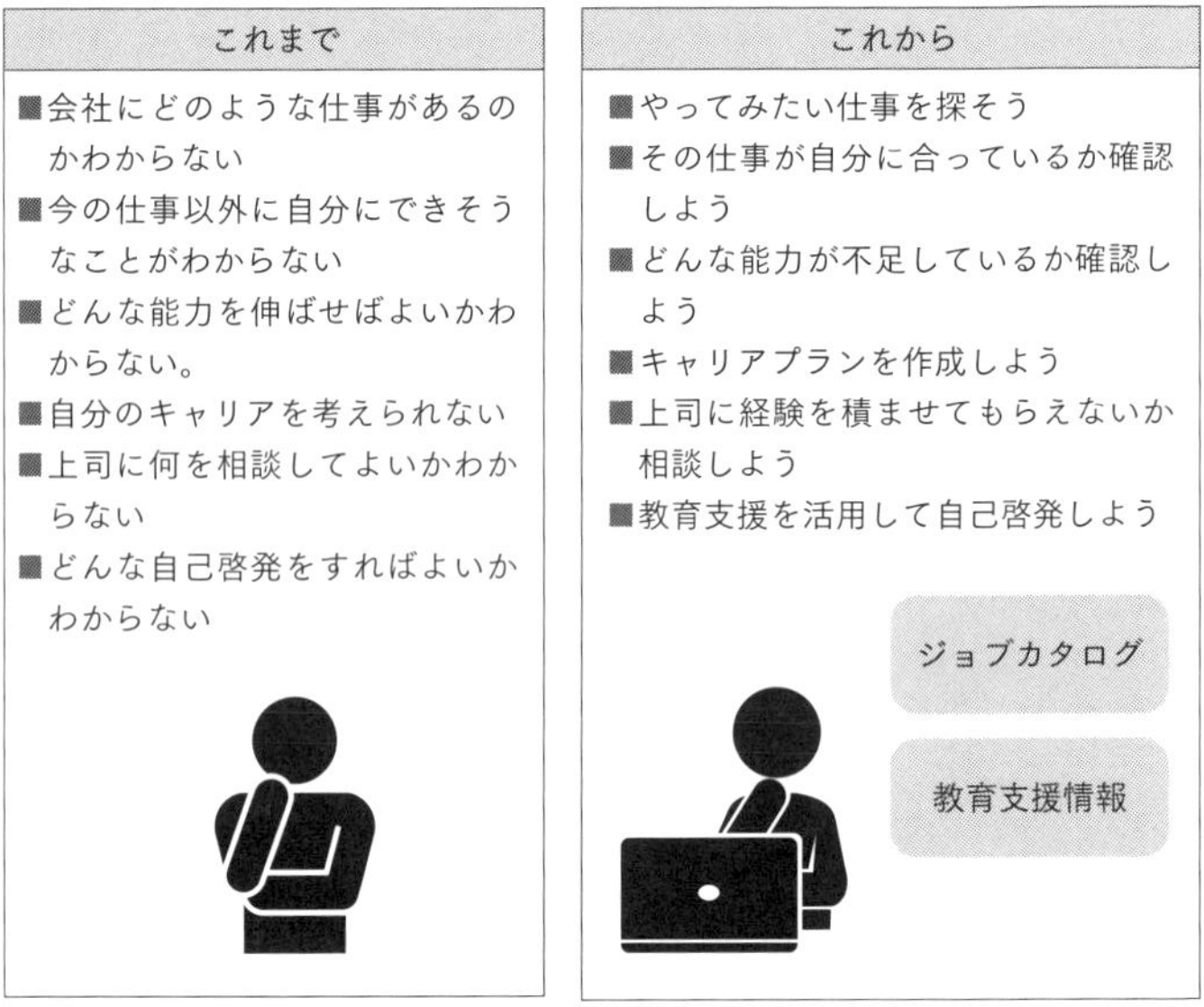

これまで
■会社にどのような仕事があるのかわからない
■今の仕事以外に自分にできそうなことがわからない
■どんな能力を伸ばせばよいかわからない。
■自分のキャリアを考えられない
■上司に何を相談してよいかわからない
■どんな自己啓発をすればよいかわからない
これから
■やってみたい仕事を探そう
■その仕事が自分に合っているか確認しよう
■どんな能力が不足しているか確認しよう
■キャリアプランを作成しよう
■上司に経験を積ませてもらえないか相談しよう
■教育支援を活用して自己啓発しよう
ジョブカタログ
教育支援情報

律が定着することはありません。

　このようなことにならないよう、社員一人ひとりが自律的にキャリア形成できるように、自社の職務情報（ジョブカタログ）を社員に開示することが必要です。管理職以下のすべての職務記述書から開示可能な情報を集約し、カタログにすることで、会社にどのような仕事があるかを社員に知ってもらい、キャリア自律の意識を高めてもらいます（図11）。

　ジョブカタログがあれば、やってみたい仕事に就くには何が必要か（経験、能力、資質）という要件がわかります。

不足している経験があれば今の部署で経験できそうかを上司に相談し、経験できる機会を作ってもらいます。経験することが難しければ、他部署に機会を求め異動を希望することになります。能力が不足していれば会社の教育支援を活用したり社外に学びの機会を求めたりするなど自己啓発により能力を獲得します。また資質を確認することで自分がその仕事に向いているかがわかり、自分なりにキャリアプランを考えられるようになります。

②挑戦する機会の提供

二つ目の支援は、挑戦する機会を提供することです。

増員や退職によってポジションに空きが出ると、部門のトップや管理職、人事部門の話し合いにより、社内異動でポジションを埋めるか、社外調達するかを決定します。社内異動で対応する場合、異動対象者は会社の事情で決まり、打診されたら本人の意思とは関係なく要請に従うことになります。

会社主導の異動は、異動対象者の内的エンプロイアビリティ（社内価値）を高めることはできますが、異動先の職務内容によっては、外的エンプロイアビリティ（市場価値）が高まるとは限りません。会社から異動を要請されなければ、キャリアは現状維持であり、仮に打診されたとしても玉突きによる異動であれば、自己のキャリアにプラスになるかはわかりません。

キャリア形成の機会が会社から与えてもらう以外になければ、社員のキャリア観は、「私のキャリアは会社が考えてくれるもの」であり、異動や昇進・昇格が滞ると、「会社は私のキャリアを考えてくれていない」といった不満を持つようになります。また社員は自らキャリア目標が立てられないため、キャリアに対して受け身になり自己啓発をしなくなります。キャリア目標を持つ人と持たない人では、年数が経つほど、力の差が開いていきます。

このような状態を避けるには、会社主導で行う異動とは別に、社員の自発性を尊重した異動の仕組み（社内公募）を用意します。

社内公募とは、会社が社員のキャリア自律を支援するための仕組みです。各部署が空きポジションの情報を社員に開示し、人材を募集します。

社員は自分のキャリアプランに照らして、公募された職務がキャリア目標の実現にプラスになるか判断した上で、その職務要件を自分が満たしていれば、応募してキャリア形成のチャンスを掴むことができます。本人が選考を受けるかどうかを含めて自己決定するため、会社からの要請を待つだけでなく、自己のキャリアビジョンの実現に向かって能動的に動くことができます。社内公募は手挙げ制であるため、希望しない場合はエントリーする必要はなく、すべて本人の意思に任されます。

社内公募以外のキャリア自律支援として、自ら希望する部署に手を挙げ、選考を経て異動を実現するフリーエージェント制や新規事業や成長事業などの新規ポジションに手を挙げ、選考を経て異動を実現するジョブポスティング制などがあります。

もし今の仕事が合わない、他の仕事に挑戦してみたいと思った時に、キャリアチェンジの仕組みがなければ、それを叶えるのは転職という選択肢しかなくなってしまいます。挑戦する機会がないことを理由に他社に転職する人材は、優秀な人材であることが少なくありません。このことは会社にとって大きなマイナスです。仕事において、「興味・関心のあること」「最も得意なこと」「組織に貢献できること」という三つの領域が交わる仕事に取り組んでもらうことが理想であり、結果として生産性の向上や高い成果の創出につながります。個人だけでなく会社にとってもプラスであり、キャリア自律支援は社員の可能性を広げ、エンゲージメント向上につながります。

社内公募を定着させるには、次の４つを押さえます。

⑴異動希望者の情報は開示の範囲を限定する

社内公募を通じて誰がどの部署へ異動を希望しているかの情報は、最小限の範囲（例：異動を希望する本人、異動希望先の上司、人事部）に留めます。

たとえそれが前向きな理由だとしても、その社員が異動を希望していることを上司が知ってしまうと、本人に対して、少なからずネガティブな感情を抱いてしまいます。社内公募によって上司と部下の関係性が悪化しないように注意を払う必要があります。

⑵所属部署の権利をあらかじめ決めておく

また社内公募を通じて異動を叶えることができる社員は、優秀人材であることも多く、他の部署に流出してしまった部署は、戦力がダウンします。そのため自分の部署の人材が他部署に流出することを危惧し、社内公募による異動に抵抗を示す管理職がいます。社内公募で内定したにもかかわらず、最終的に所属部署の長が拒否したことで、希望する部署への異動が叶わなかった……。そんな事態が多発してしまうと社内公募が形骸化するため、あらかじめ「拒否権は認めない」「異動時期を交渉することができる」などのルールを設定しておくことが大事です。

⑶異動希望の理由を最適配置の観点から確認する

上司との相性が悪くて、異動を希望する人もいます。社内公募にエントリーする社員全員が前向きな気持ちや理由であるとは限りません。現在所属している部署への不満から、社内公募を利用する人もいるでしょうし、今の仕事がキツイから別の仕事がしたいという理由の人もいます。

適性のない仕事を与えられ、強みが活かせていないことで異動を希望しているのか、それとも組織の問題なのか、本人のわがままなのかを面接により判断します。

⑷異動が叶った、叶わなかったに関係なく、きちんとフォローする

図12　キャリア自律支援のサイクル

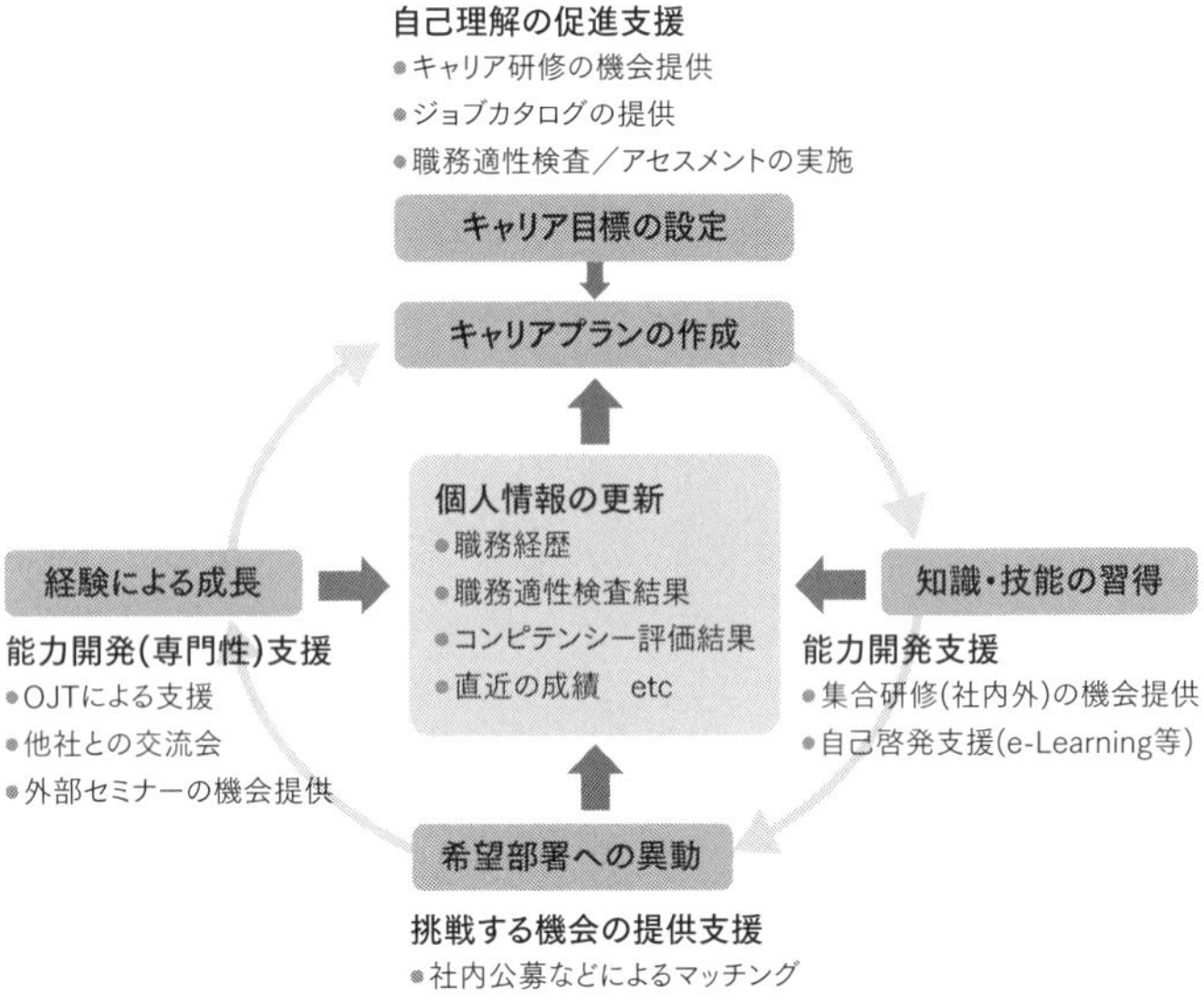

社内公募で異動が叶った人には、新しい部署に馴染めているか、活躍できているかなど、異動後に定期的にフォローを行い、異動が叶わなかった人に対しても、今の仕事へのモチベーションが低下しないように、必要に応じてカウンセリングを行うなど丁寧に対応します。

《キャリア自律支援のサイクル》

キャリア自律の支援策を整理すると、上図のようになります。

キャリア自律支援の仕組みをつくるだけでは、社員のキャリア意識は醸成されません。それを回す仕掛けをつくることが大事です。例えば、非管理職を補充・増員する場合は必ず中途採用よりも社内公募を優先する、仕事に対する価値観が安定するとされる30歳前後のタイミングで、職務適性検査やキャリア研修を実施し、専門家の指導のもと将来のキャリア展開について真剣に考えさせる、社内報にキャリアに関する情報を定期的に掲載し、継続的に意識付けする、自己啓発支援をキャリア自律と連動させる、などがあります。企業の人材投資の国際比較において、社外学習・自己啓発を行っていない人の割合は46・3％と、アジア太平洋地域の国々と比較して突出して高く、日本は最も学習しない国になっています。これは個人のキャリア意識の低さに起因しており、キャリア自律を後押しすることで解消できると考えます。

最適配置（キャリア自律支援）で注意すべきことは、若手の抜擢により中心的役割から外れるベテラン社員がいることです。ベテラン社員が「自分は外された」と感じてしまうと、会社から「もう期待されていない」と落ち込み、いかに定年までクビにならずに過ごしていくかという現状維持の姿勢に変わってしまいます。

このことは職場環境を悪化させます。抜擢された若手は、チャレンジしないベテラン社員に苦慮し、いつしかお互いに陰口を言い始めるなど、組織のモラールが低下します。これからの時代、雇用期間が長くなることを考えると、この状態はできるだけ避けなければなりません。若手を抜擢する際には、周囲からの納得が十分に引き出せるように、その若手の実力を皆が認めざるを得ないような状況をつくります。会議等で成果を共有する機会を設け、その若手の成果を称賛するなど、優秀であることを他の組織メンバーに感じてもらうことが必要です。また若手の抜擢によりベテラン社員の仕事内容を変えるときには、きちんと意味付けし納得してもらうことが大事です。

ミッドライフ・クライシス

40代から50代の中年期は、人生の後半期でもあることから、これまでの生き方を軌道修正する時期になります。職場での位置付けが変化することによるアイデンティティの変化、加齢による身体的な変化、親の介護や子離れによるプライベートの変化など、心理的に不安定な状態を引き起こしやすく、心の病気にかかりやすい時期にあたります。

4　ワーク・エンゲージメント

最適配置によって本人の能力を活かすことができれば、「ワーク・エンゲージメント」が高まります。ワーク・エンゲージメントは、オランダ・ユトリヒト大学のシャウフェリ教授らが提唱した概念で、労働経済を分析する指標の一つです。

ワーク・エンゲージメントは仕事への前向きな心理状態を表し、「仕事から活力を得ていきいきとしている」（活力）、「仕事に誇りとやりがいを感じている」（熱意）、「仕事に熱心に取り組んでいる」（没頭）の3つが揃った状態として定義されています。これが「一時的な状態」ではなく、仕事に向けられた「持続的な状態」であることが特徴です。

人材マネジメントにおいて「ワーク・エンゲージメント」が重視されていますが、その理由として個人のやる気を高めることが難しくなっている点が挙げられます。

企業の成長が鈍化したことで、昇進・昇格、昇給といった「外的報酬」を十分に用意できなくなりました。一方で、個人は今の生活に満足している人が多く、加えてワークライフバランスを重視する人が増えたことで、少しくらい無理をしてでも頑張ろうと思う人が少なくなりました。降格、減給、左遷といった「罰則」を用いて、やらざるを得ない環境をつくっても、転職しやすい時代ですから、組織全体の雰囲気を悪くするだけで、根本解決には至りません。

これまでは「外発的動機付け」によって、社員のやる気をコントロールしていましたが、このやり方が限界にきていることから、今後、企業は仕事そのものが面白いか、楽しいかという、その人の内側から自然に湧き上がってくる気持ちを大事にした「内発的動機付け」によってやる気をコントロールしていくことが必要になります。

また労働政策研究・研修機構の調査で、ワーク・エンゲージメントが向上することで、社員の組織へのコミットメント（企業の理念等や担当業務の意義等を理解した上で、企業の組織風土に好感をもっている）が上がり、個人の労働生産性と企業の労働生産性の両方が向上することがわかりました。さらに新入社員の定着率（入社3年後）が上がり、従業員の離職

図13　フローの領域

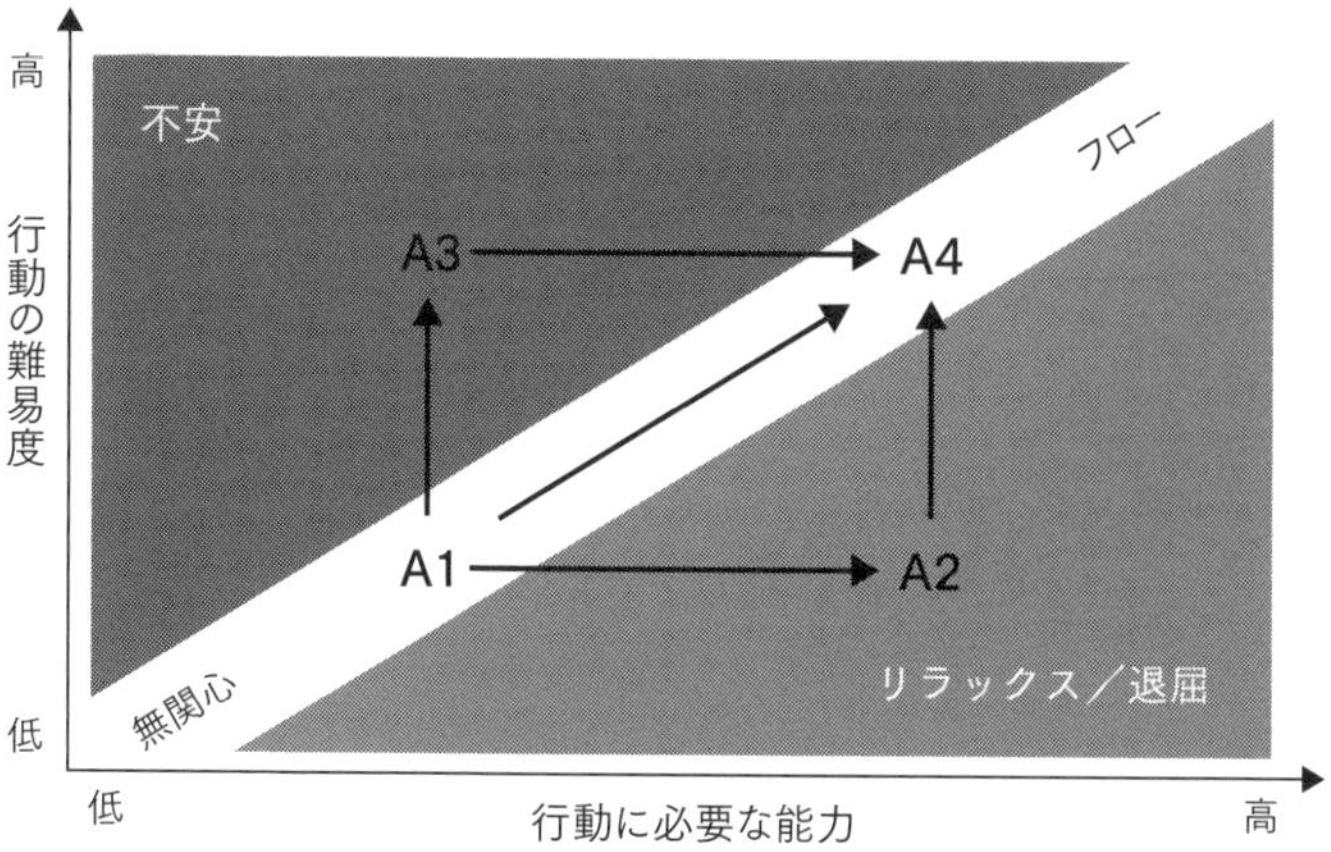

Csikszentmihalyi（1975）

率が低下するなど、ワーク・エンゲージメントを高めることで、経営指標が改善することがわかっています。

ワーク・エンゲージメントに関連する概念として「フロー」があげられます。フロー状態にある人は、仕事にとても集中していて、時間の感覚がなくなっています。フロー状態は、目標が明確で、目標達成までの道筋がイメージでき、行動の難易度が難しすぎず、簡単すぎないものに取り組んでいる時に起こりやすいと言われています。人はフロー状態の時に、幸福感や充実感を得ることができます。言い換えると、「自分なら大丈夫」という自己肯定感と「こうしたらきっとうまくいく、私はそれを成し遂げることができる」という自己効力感の二つの「感」が同時に存在する得意な仕事（強みを活かした仕事）に集中するときに、その人のパフォーマンスが最大限に引き出されます。

前ページの図は、人が経験を通して成長していく過程でフローが重要であることを示しています。図中のＡ１は行動の難易度と自分の能力が釣り合った状態で、フロー状態にあります。その仕事を継続すると、しだいにリラックスした状態で取り組めるようになります。ところが自分の能力が高まってくると、その仕事に物足りなさを感じるようになり、退屈になります（Ａ２）。一方で、行動の難易度が高い仕事が与えられると、「できるだろうか」という不安になります（Ａ３）。この「退屈」と「不安」は、共に不快な状態であるため、人は、その不快な状態から脱し、再びフロー状態に戻りたいと思うようになります（内発的動機付け）。Ａ２の退屈な状態であれば、新たなことに挑戦したいと考え、Ａ３の不安な状態であれば、新たな能力を身につけたいと考えることで、人は自ら行動し、Ａ４に到達します。

企業価値を判断する指標に非財務情報がありますが、これからの時代は、社員の働きやすさや、内発的動機を高める制度や仕組みづくりに真剣に取り組んでいく企業が投資家から選ばれるようになります。

VI 能力開発

1 能力開発とは

個人のパフォーマンスを最大限に引き出すには、最適配置と合わせて能力開発が必要です。最適配置によって、自分の強みを活かす仕事を与えられ、能力開発によって仕事を前に進める知識やスキルを手に入れることができたなら、自分であればこの仕事を成功させることができるという自己効力感が高まり、〝やってみたい〟と挑戦する意欲が湧いてきます。

実際に挑戦し、成功経験を積み重ねることで、自己のコンフォートゾーンが広がっていき

図14　個人の成長とコンフォートゾーン

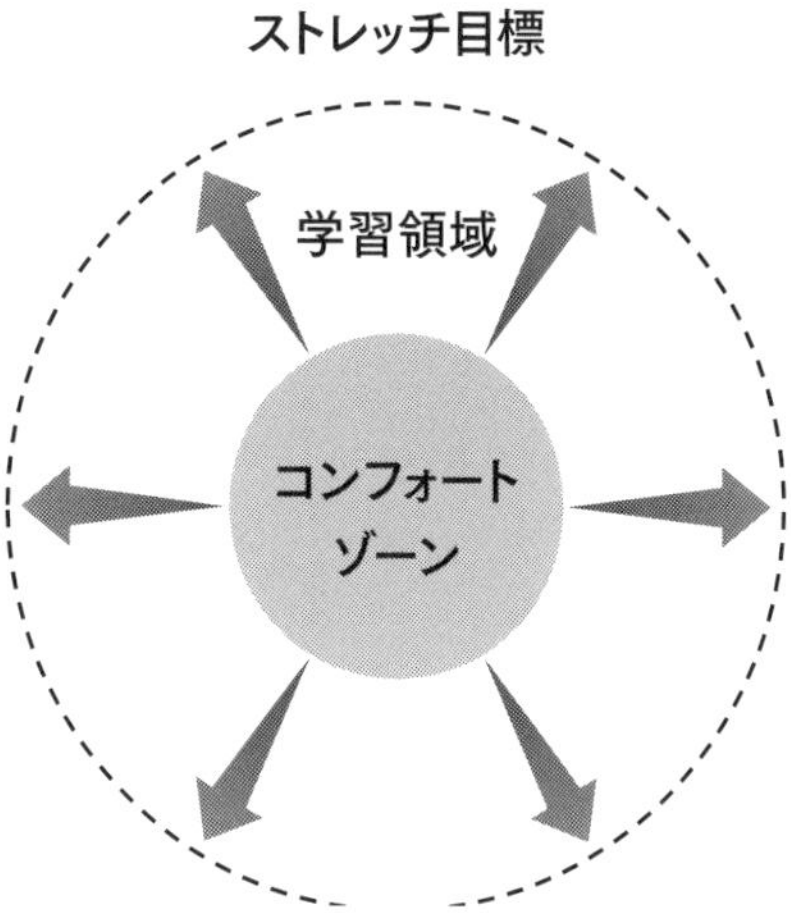

ます。

コンフォートゾーンとは心理学の用語で、直訳すると「居心地の良い領域」です。人は慣れている仕事をしている時は、安定的に成果を出すことができるため、何が起こっても大丈夫という自信があります。一方で、初めての仕事は成果を出せるかがわからず、自信が持てませんから、自ら新しいことに挑戦して仕事の範囲を広げようとはしません。コンフォートゾーンで仕事をしている間は、個人の成長はありませんし、個人が成長しなければ組織の成長もありません。この状況を回避するために、会社はストレッチ目標を立てるように個人を指導したり、キャリア自律を促したりして、個人に成長の動機付けを行います。

前ページの図は、個人の成長とコンフォートゾーンの関係を表しています。中心がコンフォートゾーンで、点線はストレッチ目標、矢印は学習領域です。コンフォートゾーンが大きくなることは、個人のできることが増えること（＝個人の成長）を意味しています。

人は経験を通して学習し成長します。マズローは成長の過程を「学習の4段階レベル」で表しています。

1段階：無意識的無能
2段階：意識的無能
3段階：意識的有能
4段階：無意識的有能

1段階から4段階へと、学習のステップが段階的に上がっていくことで、人は成長するという考え方です。

次図は、マズローの「学習の4段階モデル」を筆者なりにアレンジしています（図15）。

図15　学習の４段階モデル（筆者のアレンジ）

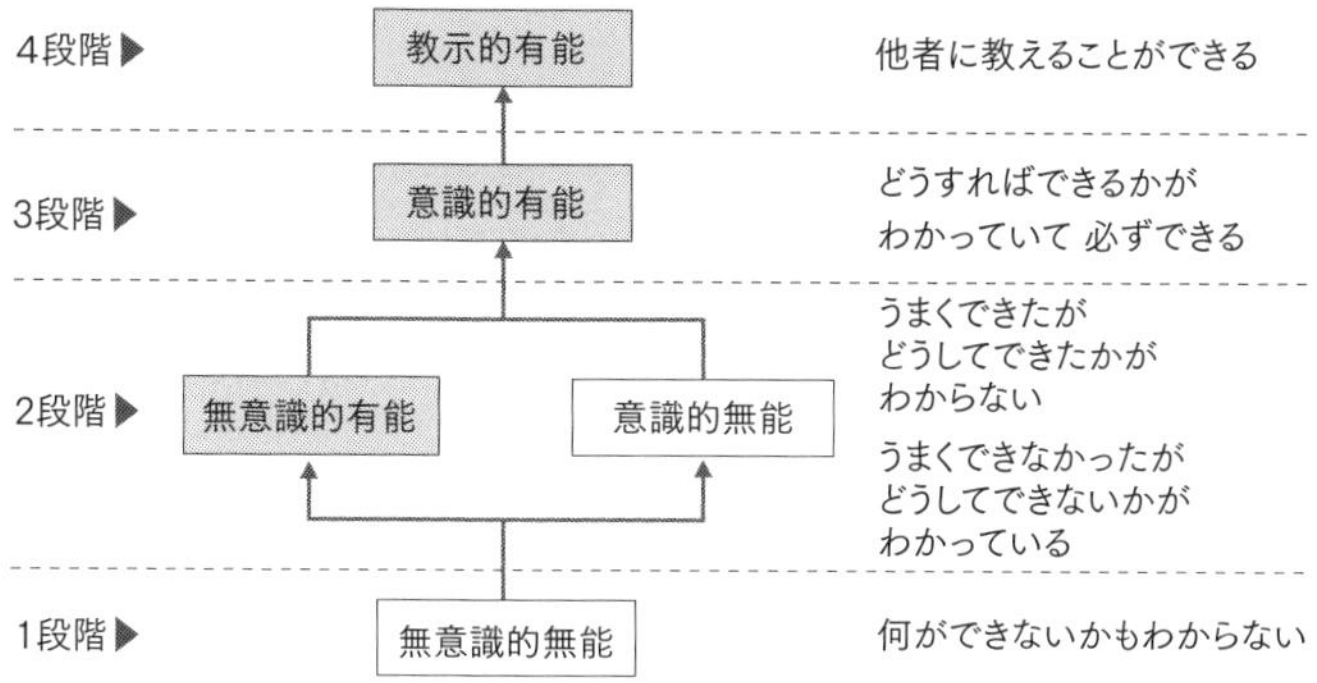

１段階目はマズローのモデルと同様に「無意識的無能」を表しています。無意識的無能とは、仕事を進める上で、何ができないのかさえもわからない一番未熟な状態です。新入社員を例にすると、入社当時はここからのスタートになります。

２段階目は「意識的無能」と「無意識的有能」で、どちらかのステップに進むことになります。

実際に仕事を任されて自分なりにやってみると、先輩のようにうまくできる新人と、うまくできない新人に分かれます。うまくできない新人は、その時に初めて自分ができないことを知ります。そして内省することで、なぜできなかったのかがわかるようになります。この状態を「意識的無能」と言います。

一方で、うまくできればよいというものでもありません。うまくできた新人に「なぜできたのか」と聞いても、なぜできたのか答えることができなければ、同じ場面に遭遇したときに、前回同様、うまくできるかどうかわかりません。この状態を「無意識的有能」と言います。

3段階目は「意識的有能」です。どうすればうまくいくかがわかっていて、実際にできる状態です。

「意識的無能」は、なぜうまくできないかがわかっているので、何度も実践を繰り返し、スキルを身につけることで、「意識的有能」に到達できます。「無意識的有能」は、なぜできたかの教訓を引き出すことで、「意識的有能」に到達できます。

成功の法則を会得したことで、その仕事が自身のコンフォートゾーンに加わります。これにより個人は成長を実感します。成長の実感はそれ自体が喜びであるため、その喜びを得たいという欲求から、さらに新たなことに挑戦するという好循環を生み出します。

4段階目は「教示的有能」です。「意識的有能」を習慣化していくことで、他者に教えることができるようになります。他者に教えるレベルとは、成功と失敗の分岐点を相手に気づかせることができるレベルです。例えば、成果を上げた営業担当者に「どうして成果を上げることができたのか」と質問します。すると「別に何かこれまでと違ったことをしたわけではありません」「特に人と違ったことはやっていません」という答えが返ってきたとします。これは本人が営業上の課題について前回と今回が〝似ている〟あるいは〝同じである〟と認識している状態を表しています。教えるレベルとは、この営業担当者に、「今回と前回を比較すると、この部分は同じだけれど、この部分は違う」と〝違い（差）〟を言語化し、なので今回はこのように攻略を変えることで成功した（あるいは行動は同じでもうまく攻略できた）と気づかせ、理解させることができるレベルです。〝違い（差）〟を言語化できるようになることで、はじめて他者に教えることができます。

このように1段階から4段階へと、仕事の経験を通じて成長していきます。ちなみに成長のスピードを決めるのは2段階から3段階目への移行のタイミングです。「無意識→意識」に移行するには、経験から教訓を引き出せる思考レベルが必要で、「無能→有能」への移行には、知識やスキルを習得する方法を知っている必要があります。自分一人でどうにかしようとしてもうまくいきませんから、他者からアドバイスを得たり、研修や書籍等を活用したりして、知識やスキルを身につけるために時間がかかります。

経験学習モデル（図16）

デイヴィッド・コルブは、経験から学びを得るための概念として、経験学習モデルを提唱しています。このモデルは、「具体的経験」→「内省的観察」→「抽象的概念化」→「能動的実験」の4ステップから構成される循環型サイクルで、「無意識→意識」「無能→有能」へ移行する際に、参考となります。

1．具体的経験

仕事は行動の積み重ねであり、行動することで、何かしらの経験が得られます。

2．内省的観察

この度の経験を俯瞰的に捉え、多様な観点から振り返ることで、何がうまくいって、何がうまくいかなかったのかを整理し、自分の成長にどのようにプラスになったかの意味付けを行います。

3．抽象的概念化

何がうまくいって、何がうまくいかなかったのかについて、「なぜ」を繰り返すことで深

図16　経験学習モデル

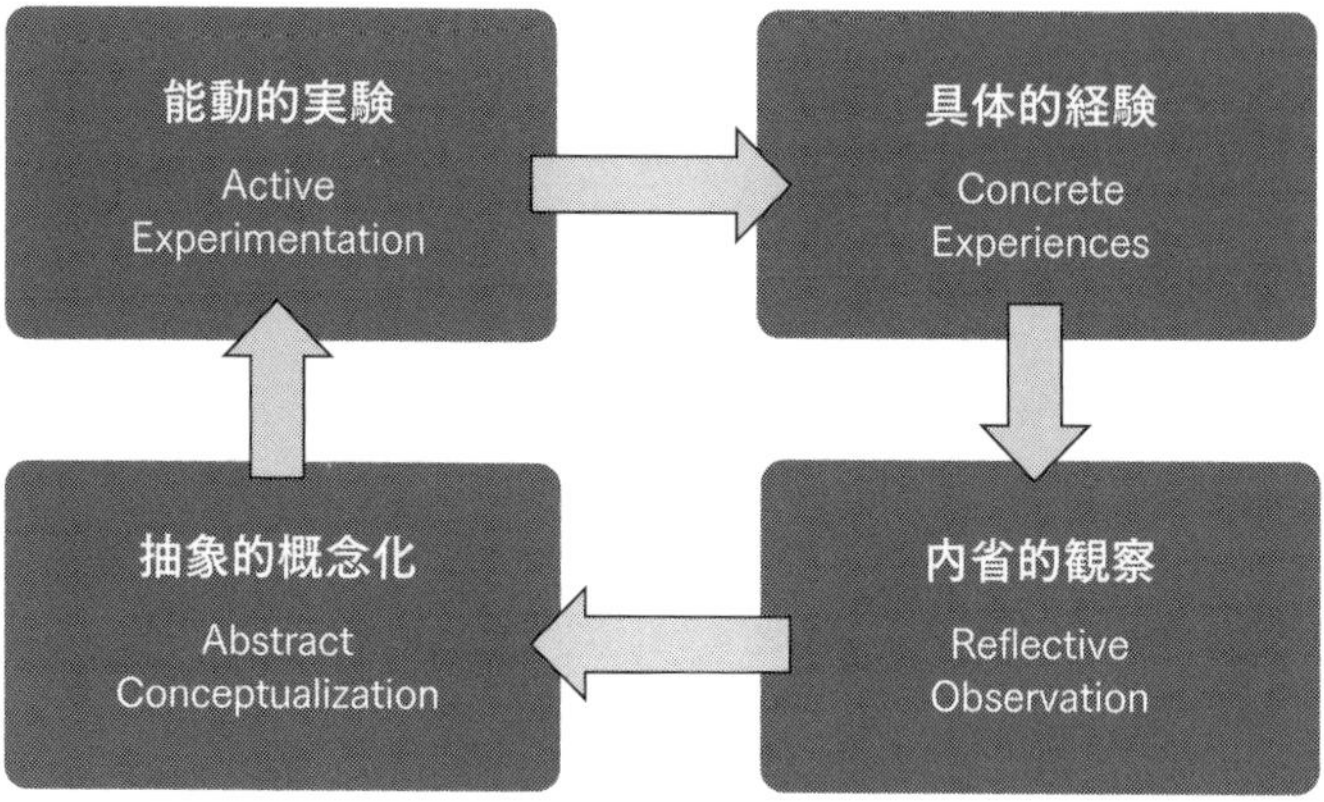

Kolb（1984）

掘りし、教訓を導き出します。

4．能動的実験

導き出した教訓を、仕事の場で試すことで新たな経験を得ます。

　このサイクルが繰り返されることで、教訓が蓄積し、成長していきます。ある仕事をやったではなく、きちんと教訓を導き出し、経験したと言えることが大事です。成長の早い人は、一つの経験から、より多くの教訓を導き出せる人です。

　米国の調査機関であるロミンガー社が、成功したリーダーを対象に「何から学ぶことで成長

できたのか」について調査したところ、〝70％がCHALLENGE ASSIGNMENTS（仕事上の直接経験）、20％がDEVELOPMENTAL RELATIONSHIPS（他者からのアドバイスや他者の観察）、10％がCOURSEWORK AND TRAINING（研修などからの学び）〟という結果でした。

この結果は、先程の学習の4段階モデルや経験学習モデルに通じるものがあります。仕事上の直接経験が70％と割合は高いですが、ただ仕事をやっているだけでは成長できないことを意味しています。仕事を進めていく過程で、他者から学び、研修や本から知識を得ることで、より深く考えられるようになり、そこで得た教訓を新たな経験に活かしていくことで成長できたのではないでしょうか。このように70：20：10は大事な順番ではなく、どれも等しく大事だということです。皆さんは、他者からのアドバイスや他者の観察に、勤務時間の20％をかけていないでしょうし、研修を受講したり本を読んだりすることに、勤務時間の10％もかけていないと思います。にもかかわらず、個人の成長に、それぞれ20％、10％のインパクトを与えるということは、そこに時間をかけることは、個人の成長にとって、とても重要だということになります。

本書では、能力開発を「70：20：10の各々の効果を高め、連動させることで、個人の成長を促進する仕組みづくり」と定義します。

頑張る木こり

昔々、ひとりの木こりが材木屋へ仕事を探しに行きました。給金はよく、さらに仕事の条件もよかったので、木こりはそこでしっかり役に立とうと決心しました。最初の日、親方のところへ挨拶に向かうと、親方はその男に斧を一本手渡し、森の一角を割り当てました。男はやる気満々で森に向かい、その日一日で十八本もの木を切り倒しました。「よくやったな」親方は言いました。「この調子で頼むぞ」。その言葉に励まされて、翌日はもっと頑張ろうと早めに床に入りました。翌朝は誰よりも早く起きて森へと向かいました。ところがその日は努力も虚しく十五本の木を切り倒すので精一杯でした。「疲れているに違いない」そう考えた木こりはその日、日暮れとともに寝ることにしました。夜明けがくると、今日は十八本の記録を超えてやるぞ、と心に決めて床を出ました。ところがその日は十八本どころかその半分も切り倒すことができませんでした。次の日は七本、そのまた次の日は五本、そして最後には夕方になっても二本目の木と格闘していました。なんと言われるだろうとびくびくしながらも、木こりは親方に正直に報告して、「これでも力の限りやっているのです」と言いました。

すると親方は彼にこう訊ねました。「最後に斧を研いだのはいつだ？」「斧を研ぐ？研いでいる時間はありやせんでした。木を切るのに精一杯です」

皆さんや皆さんの会社の社員は、この寓話と同じように、頑張っているのになかなか成果が出ないということはありませんか。このような場合は、仕事を一旦脇に置いて、いろんな考えに触れることで、思考を磨いてみるのがよいかもしれません。

2 仕事経験から学ぶための仕組みづくり

ここでは70：20：10の法則の70の部分に焦点を当てます。私たちは、仕事の成果を得る

（目標に到達する）ために、日々、行動を積み重ねています。しかしながら毎日、着実に前に進んでいるわけではありません。途中で躓《つまず》くこともあれば、後戻りすることもあります。成果獲得のスピードを上げるには、躓いた時に、なぜ躓いたのか、どうすれば打開できるかがわかることと、そもそも躓かないようにきちんと準備することが大事です。

２：６：２の法則という考え方があります。上位２割は高い成果を上げますが、真ん中の６割は普通の成果です。企業は競争優位を獲得するために、普通の６割を優秀な２割のレベルに押し上げ、成果の上がらない下位２割については、職場環境や職務適性に問題があると し、配置転換を検討します。

普通６割が上位２割と同じパフォーマンスを発揮したなら、間違いなく組織力は上がります。

ではどのような取り組みを行っていけばよいのでしょうか。

上位２割の人は過去に躓いた経験があり、それを乗り越えることで高い成果を上げられるようになった人たちです（これまで非凡な才能により躓いた経験のない人もいるかもしれませんが……）。真ん中の６割は躓いた経験はあるものの、それを乗り越えられないでいる人たちと捉えられます。ひょっとすると、何に躓いているのかさえもわからず、自分にはこの仕事は向いていないと思い込んでいるかもしれません。

普通6割を優秀2割に引き上げるには、普通6割と優秀2割の違いを知ることが必要です。これまで複数の企業で優秀な人とそうでない人の違いを見てきましたが、どの企業でも共通して言えることがあります。優秀2割は、現状から最終成果に至るプロセスを一連の成功ストーリーとしてイメージすることができていました。そしてプロセス上でいくつかのマイルストーン（現状から最終目標までの過程にある、節目となる地点であり、中間目標のこと）を設定し、マイルストーンに到達するために、次に何をすべきかを理由とともに行動レベルで説明することができていました。具体的なイメージがあることで、日々、何をどこまで進めないといけないのかの目標を設定し、行動していたことが大きな特徴です。一方で普通6割は、成功ストーリーがイメージできておらず、思い付きの行動が多く見られました。思考の質は行動の質につながり、行動の質は結果の質につながりますから、思考の質を高めることで、普通6割を優秀2割に引きあげることができます。

これに加えて、優秀2割は早く、確実に成果を上げるために躓かない工夫も行っていました。例えば、前もってあることをしておくと後になって問題が起こりにくくなる、このタイミングで関係者に念押しすると反対意見が出にくくなるなど、失敗経験から教訓を得て仕事に活かしていました。特に営業担当者は、その人なりの勝ちパターンがありました。

①暗黙知から形式知への変換

仕事経験から学ぶための仕組みづくりとは、簡潔に言えば、優秀2割にあって普通6割にないものを探索し、普通6割に移植する取り組みになります。普通6割が、現状から最終成果に至るプロセスを一連の成功ストーリーとしてイメージできないのであれば、最終成果までのプロセスとマイルストーン、および行動を見える化して示すことで、イメージできるようにすればよいことになります。また躓かない工夫や、プロセスを進めやすくするノウハウを共有することで、思考の質を高め、パフォーマンスを向上させることができます。

これらの取り組みは、すべての職種で可能ですが、ノウハウや工夫を共有したがらない人がいると進まなくなります。「自分がこれまで積み上げてきたものを他者に教えるなんてとんでもない。他者との優位性がなくなってしまうことはやりたくない」という理由で個人の知恵が共有されなければ、企業に知恵は残りません。このような状態では、企業の持続的成長は叶いませんから、個人に蓄積された知恵を組織に還元していくことは、企業経営にとても重要です。

個人の知恵を共有する組織にするには、組織貢献を評価するような制度やしくみをつくるなど、組織文化づくりを並行して行います。

【参考】SECIモデル

SECIモデルは1990年に経営学者の野中郁次郎氏が、「暗黙知」と「形式知」の相互交換を組織的に行って、新たな知識を創造するプロセスとして提唱した概念です。

■暗黙知と形式知

私たちの持つ知識には、うまく言い表せないような「暗黙知」と、はっきりした言葉や図表などで表せる「形式知」があります。暗黙知は個人が経験によって感覚的に身につけたコツや勘のような言語化しにくい主観的な知識で、自分はわかるけれども他人にはうまく伝

図17　SECIモデル

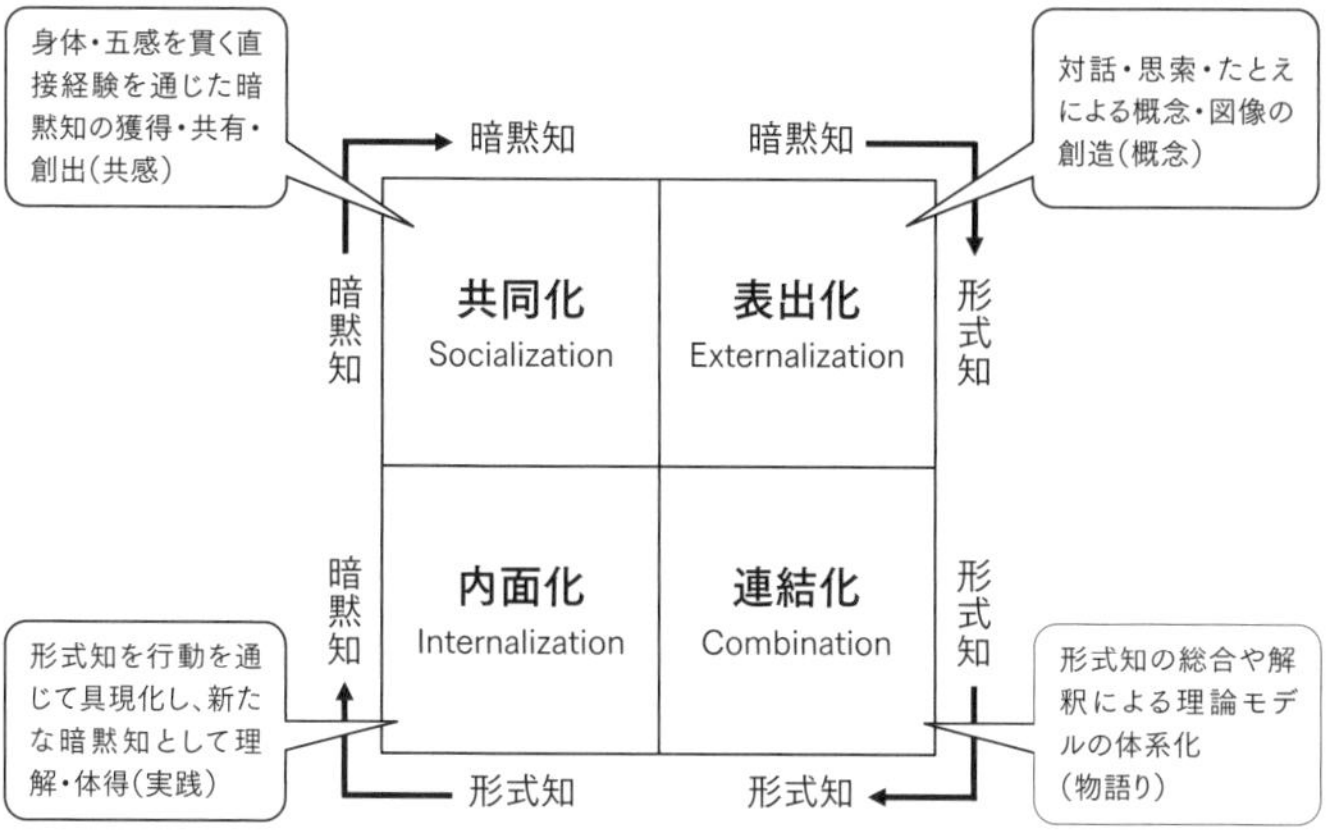

出所：一橋ビジネスレビュー 2014 SUM

えられない個人的なノウハウが含まれます。例えば、ベテラン職人がおいしいピザを焼く〝コツ〟は暗黙知になります。「形式知」は暗黙知とは反対の位置づけで、言葉や数値によって表現できる客観的な知識です。例えば、ピザを焼く時間や温度などが記されたチェーン店のマニュアルは形式知となります。〝どうすれば結果（成果）が出せるのか〟をうまく言い表せないものは「暗黙知」の状態です。私たちの仕事のほとんどは、「暗黙知」かもしれません。

SECIモデルは、直接経験を通じて共感し、暗黙知を獲得・共有する共同化(Socialization)、暗黙の気づきの本質を対話・

思索・たとえなどを用いて言葉やコンセプトに表す表出化（Externalization）、言葉やコンセプトによる形式知を関係づけて体系に変換する連結化（Combination）、連結された形式知を技術、商品、ソフト、サービスに価値化し、そこから得られる経験から暗黙知を得る内面化（Internalization）の4つのモードから構成されます。内面化で得られた暗黙知は組織・市場・環境の新たな知を触発して、再び共同化につながり、正のスパイラルのように、知識が積みあがっていきます（図17）。

暗黙知から形式知への変換（見える化）を継続することで、企業の知識資産が増え、知識を活用する能力が高まります。このことは内部資源を充実させ、競争力の向上につながります。

---

②見える化の進め方

仕事は「現実を理想の状態に近づけていく行動の積み重ね」と捉えることができます。現実（仕事を開始する状態）をスタートとし、理想の状態（成果を獲得できた状態）をゴールとします。見える化は、スタートからゴールに至るプロセス全体が対象になります。プロセスには、いくつかの段階（フェーズ）があります。例えば、フルオーダーのスーツを依頼すると、採寸→製図→裁断→仮縫い→縫製という5つのフェーズを経て、その人の体型にフィットした1着が出来上がります。これと同様の考え方で、仕事全体を見える化することから始めます。例えば、新卒採用の仕事であれば、採用計画→母集団形成→選考→内定者フォロー→入社といった5つのフェーズで表現され、各フェーズを一つひとつ完結させていくことでゴールに到達することができます。ちなみに各フェーズの完結した状態がマイルストーンです。例として、「採用計画」であれば、「〇〇会議にて採用人数の承認を得る」がマイルストーンになります。駅伝に例えるとタスキを繋ぐ場所であり、きちんと区間を走り切らなければ次の走者へタスキを繋げることはできません。仕事も同様で、現在のフェーズがきちんと完結していない状態で次のフェーズに進めようとしてもうまくいかないため、どのような状態になったら完結した（マイルストーンに到達した）と判断するかを、フェーズごとに定義していきます。

フェーズが決まったら、各フェーズを構成する仕事内容を項目にして抜き出します。例えば、母集団形成であれば、ホームページの作成、インターンシップの実施、会社説明会の実施などです。項目を見える化することで、各フェーズで何をすべきかがわかります。

仕事の項目が見える化できたら、それらの項目に合わせて、仕事を前に進めるための重要行動（成果獲得行動）を設定します。この部分が暗黙知を形式知に変換するステップです。先述のとおり、優秀2割と普通6割には思考に大きな違いがあるため、優秀2割にヒアリングを行い、フェーズ（あるいは仕事の項目）ごとに、思考と行動を聞き出していきます。

思考とは、行動の理由付けであり、目的を指します。人は仕事において、無目的に行動することはなく、何かしらの目的をもって行動します。行動だけを抽出しても、何のためにその行動をとるのかの理由がわからなければ、普通6割は行動を変えようとはしません。行動の目的が加わることで腹落ちし、普通6割の行動変容につながります。このようにスタートからゴールに至るプロセス全体の重要行動（成果獲得行動）とその思考を見える化し整理したものが、「成果獲得モデル」です。個人の持つ知識やノウハウといった暗黙知を形式知化し組織全体で共有、活用することをナレッジ・マネジメントと呼びますが、「成果獲得モデル」の取り組みはナレッジ・マネジメントの一つです。この取り組みを1回限りではなく継続していくことで、組織に知恵やノウハウが蓄積し、組織力が向上します。

見える化の効果

(1)『気づき』が得られる

⬇見える化の過程で、新たな「気づき」が得られる

(2)『思考』が深まる

⬇「気づき」という刺激をきっかけに、疑問が生まれ、深く考えることができる

(3)『対話』が始まる

⬇ブラックボックスがガラス張りになることで、状況を他者と共有でき、一緒に考えることができる

(4)『アイデア』が生まれる

⬇「思考」が深まり、「対話」が始まることで、新しいアイデアが生まれる

(5)『行動』を引き起こす

⬇アイデアを実行したい欲求が、新たな行動を引き起こす
「見える化」は、『気づき』⇓『思考』⇓『対話』⇓『アイデア』⇓『行動』という変化を生み出します。

③成果を生み出すシステムづくり

成果獲得モデルをこれまでバラバラに運用されていた制度や仕組みの中心に据えることで、それらが有機的につながり、成果を生み出すシステムになります（図18）。

「方針・戦略」は概念であるため、どんなに丁寧に説明しても社員一人ひとりの理解に差が生じます。さらに咀嚼して自分の仕事にまで落とし込める人は少なく、どんなに優れた戦略でも社員の行動が変わらなければ、期待した成果には至りません。戦略実行に重要な行動を想像し成果獲得モデルに反映することで、仕事に対する考え方や行動が変化し戦略の実行確度が上がります。

また方針・戦略の徹底は行動の習慣化により完結しますから、意識を継続させるために成

図18　成果を生み出すシステム

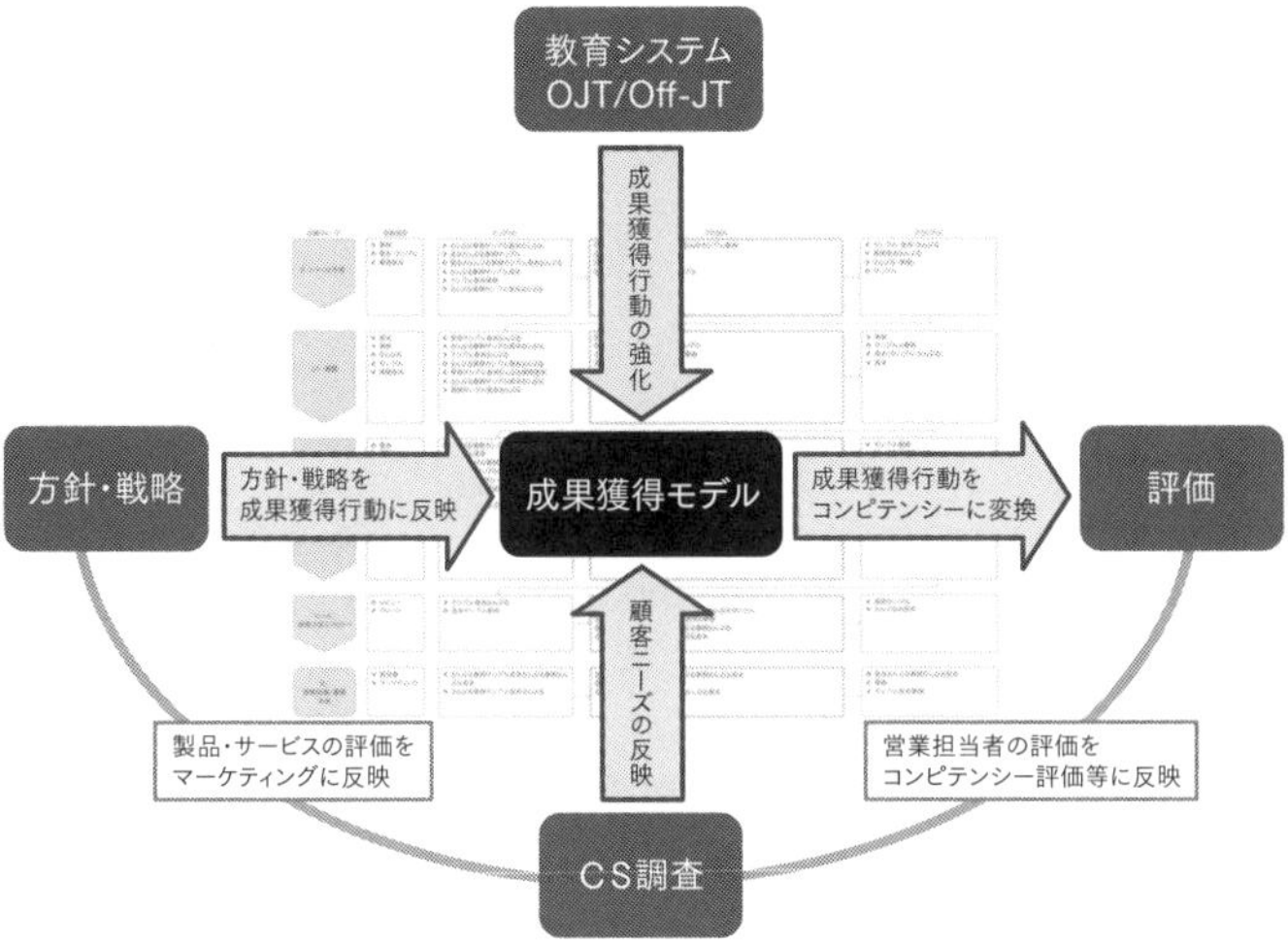

果獲得モデルをコンピテンシー評価に紐づけ（Ｐ１４５）、定期的に振り返る機会を作ります。

方針・戦略を徹底するには、「会社の方針・戦略に沿って行動し、成果を上げた人が評価される」という一貫性のある仕組みづくりが大事です。一方で、これだけでは期待する成果は得られませんから、これに「能力開発」を加え、行動を強化することで戦略実行のレベルを上げていきます。

営業職の場合、「顧客満足度調査（ＣＳ調査）」で得られた顧客の声をもとに仕組みの精度を上げることができます。「方針・戦略」であれば、ＣＳ調査結果で得られた自社製品やサービスの情報、競合他社情報、顧客の関心ごとといったニーズ情報から、成果獲得モデルのどの行動が顧客の購買行動に強い相関があるのかを分析し、その行動を強化することで購買率を上げることができます。例えば、業界の情報や他社を含めた製品・サービスの情報提供が購買行動にインパクトを与えているのであれば、それらの知識を強化する研修や知識定着のためのテストを定期的に行うといった能力開発施策が考えられます。「評価」においても、顧客の営業担当者への評価を、コンピテンシー評価に反映し、昇進・昇格の参考資料として活用することができます。上司の評価に納得できなくても顧客からの評価は納得せざるを得ません。このように成果獲得モデルを中心に据え、様々な仕組みを有機的に繋げることで、成果を生み出すシステムを作ります。

また成果獲得モデルは、若手の早期戦力化にも有効です。特に新入社員は仕事を完結したことがありませんから、すべてが手探りです。どのようなプロセスを経て成果を上げていけばよいか、何をすれば次につながるかが全くわかりません。毎日、上司や先輩に一つひとつ聞いて仕事を進めるのは、多くの時間を費やすため、とても非効率です。仕事の1サイクルが短ければ対応もできますが、仕事が完結するのに数年かかるような仕事であれば、その間、上司や先輩は新人に付きっきりになります。これが習慣化すると、新人は待ちの姿勢になり、その習慣を取り除くのに時間がかかります。また上司や先輩が忙しくなると、どうしても新人は放置されやすくなります。新人が相談したいときに相談に乗ってくれる人がいないことでミスをしてしまうと、新人が会社に対して否定的な感情を抱くことになります。

これらは、仕事を見える化することで大きく改善できます。成果獲得モデルには、仕事のゴール（仕事が完結した状態＝成果を獲得できた状態）とそこに至るまでの行動が順に整理されているため、今、何をして、次に何をすべきかがわかります。仕事に必要な知識やスキル、および習得方法を仕事の項目ごとに明記しておけば、先回りして、知識やスキルを習得でき、上司や先輩への相談内容がより深くなります。また新人に仕事を任せると、どうしてもムダな行動が多くなり、成果獲得まで時間がかかってしまいますが、成果獲得モデルに記載されている行動にはムダな行動の記載はありませんから、成果獲得まで遠回りすることがなくなります。さらに、躓いた時の対処方法が記載されていれば、不安が軽減され、積極性にもつながります。

④成長の定量化

また見える化により、新人の成長を定量化することができます。成長のゴールを「一人で仕事が完結できる状態＝一人前」とします。仕事を完結する（成果を獲得する）のに必要な行動が40行動あるとすると、期末の時点で上司や先輩の指導を受けずに行動できる数が10行動あれば、（10÷40）×１００％＝一人前の到達率25％、20行動であれば、50％と数値で表すことで、その数値の変化により自己成長が実感できます。また他者の数値と比較することで、自分の成長スピードに問題がないかを自己診断できるようになるため、仕事に対して前向きになるとともに、主体性が向上します。

このように業務の見える化と成長の定量化は、ＯＪＴの負担軽減と成長のスピードアップに効果的です。

3　ＯＪＴリーダーを中心とした成長支援

「人材育成はＯＪＴでやっています」という企業は多いですが、実質的に「ＯＪＴが機能しています」と言える企業は少ないのではないでしょうか。その企業の大半が、「成長は自己責任である」という前提のもと、仕事の遂行に必要最低限のことを伝え、「何か聞きたいことがあったら、何でも聞いてくれていいから」と、放置しているのが現状です。さらに企業によっては成果を上げた人が会社に残り、成果を上げられなかった人は去ればよいという考えで放置していることもあります。そのような企業を否定はしませんが、せめて若手が自律するまでの間は、手間をかけてあげる必要があります。厳しい入社試験を乗り越えてきたポテンシャルの高い人たちですから、配属先のラッキー、アンラッキーによって、将来の芽を潰してはなりません。

そのため若手の期間は、育成のすべてを現場に任せることはせず、ある程度、本社が関与していくのがよいでしょう。関与というのは、ＯＪＴの水準を一定レベルに引き上げる仕組みをつくることです。植物の成長に例えるなら、種を撒いて芽が出るまでの間、雨が降ることを期待するのではなく、きちんと水を撒く組織をつくります。これが70：20：10の法則の20の部分になります。

人材育成において、管理職である上司が育成責任者としての役割を担うという考え方が一般的です。しかしながら人に育てられた経験がなければ（あるいは人に育ててもらったという意識がなければ）、どのようにして育てていけばよいかがわかりません。管理職になって初めて、育成について悩むことになります。結果、どうすればよいかがわからず、忙しさを理由に、「自分は自力で育ってきたのだから」と若手も自力で育つべきだという安直な考えに至ってしまいます。管理職になってから育成を考えるのでは遅いため、管理職になる前に、経験を積ませる仕組みを作ることが大事です。その仕組みとはＯＪＴリーダーを中心とした成長支援の仕組みです。〝人を育成する〟と表現するとＯＪＴリーダーが主役になりますが、あくまで主役は若手本人ですので、〝成長支援〟と本書では表現します。これは先述の成果獲得モデルと組み合わせて実施します（図19）。

ＯＪＴリーダーをお兄さん、お姉さん役といったメンタルサポートの意味合いで導入している企業もありますが、本書では若手の早期育成・戦力化を目的としています。

この仕組みを回す仕掛けとして、ＯＪＴリーダーを次の管理職候補に位置付け、人材育成の経験を積ませたうえで、管理職に昇進するというルールを作ります。これによりＯＪＴ

図19　成長支援サイクル

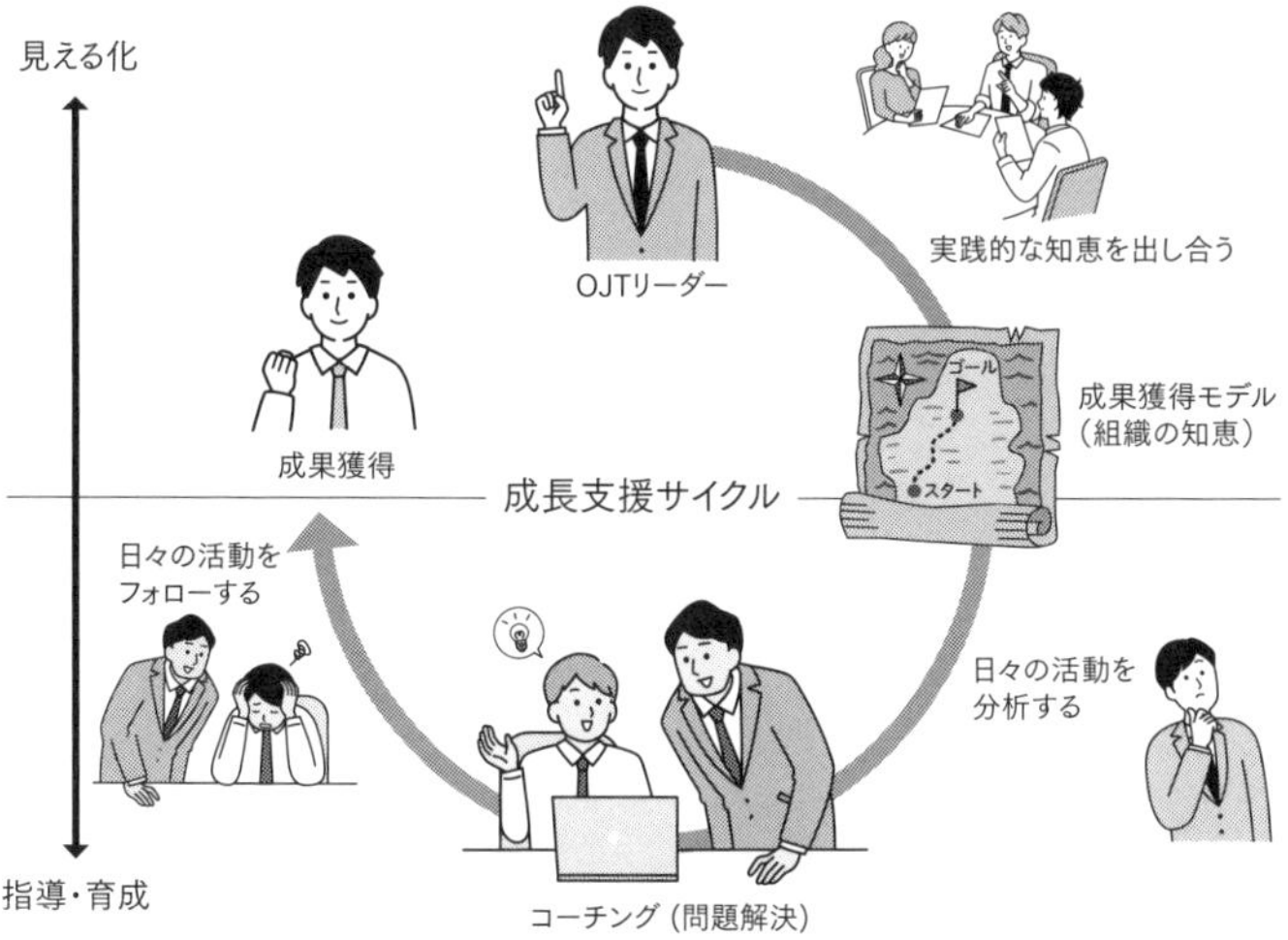

リーダーを中心とした人材育成の文化ができあがります。とはいえＯＪＴリーダーが若手育成のすべてを担うわけではありません。「指導の責任者」は管理職である上司であり、ＯＪＴリーダーは「指導の代表者」としての位置づけです。教える内容によって得意・不得意があれば、不得意な分野は、その分野を得意とするメンバーにお願いし、指導の時間がとれなければ、職場メンバーのスケジュールを調整し指導を依頼するなど、職場全体で若手の成長を支援するコーディネーターとしての役割を担います（図20）。そのためＯＪＴリーダーに求められるのは、職場メンバーをうまく巻き込

図20　OJTリーダーの位置づけ

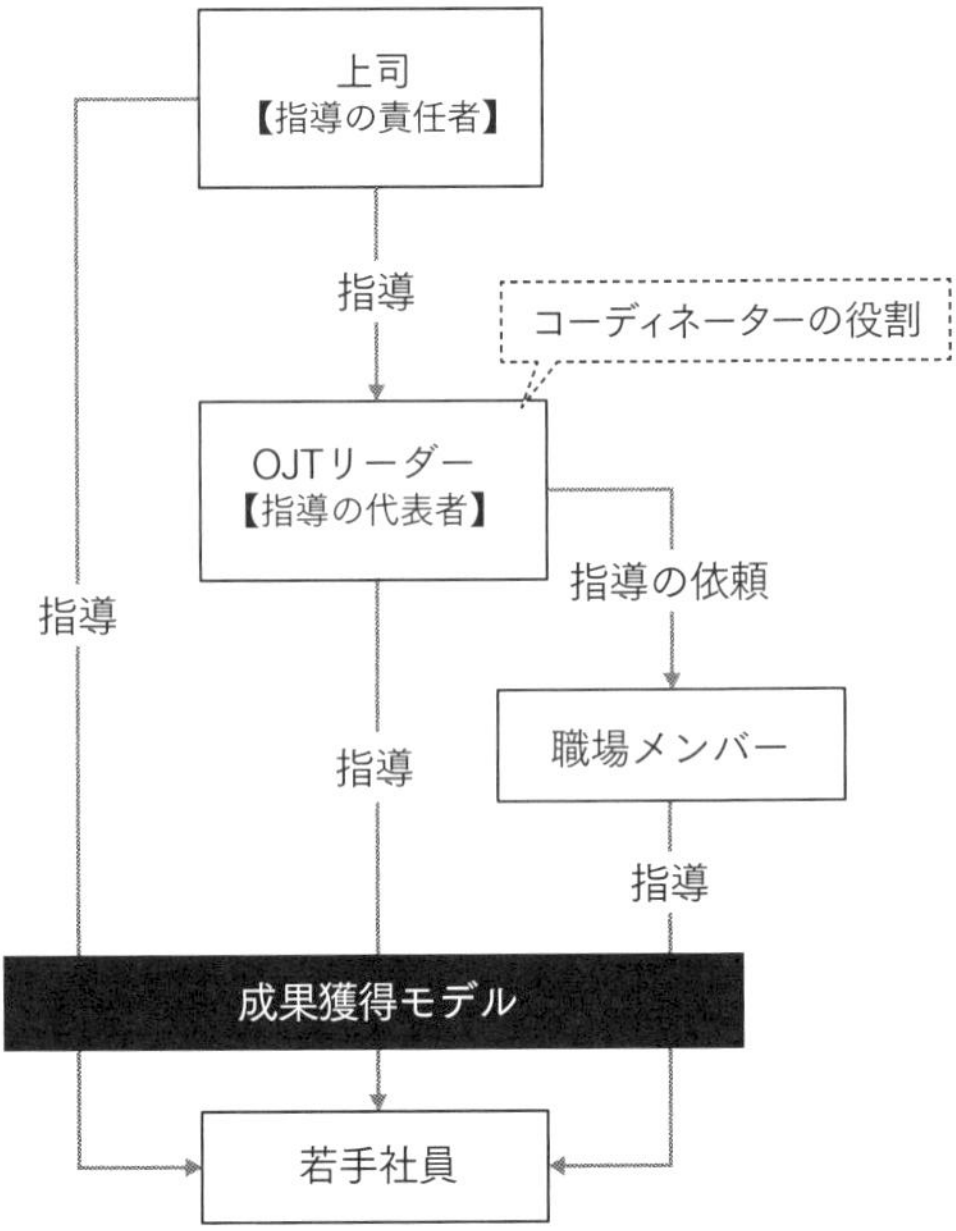

み〝組織一丸となって〟指導できる雰囲気づくりです。その際、問題になるのは、どうしても人によって指導する内容が異なってしまうことです。このことで若手が職場メンバー間の板挟みになってしまうことは避けなければなりません。指導する人たちの指導内容にバラツキが出ないように（属人的な指導にならないように）、成果獲得モデルを共通言語として用い、指導します。

成果獲得モデルには「何をやるのか（Ｗｈａｔ）」という行動と「なぜそれをやるのか（Ｗｈｙ）」という目的が記載されているため、職場メンバー間での齟齬が生じにくくなります。「どうやるのか（Ｈｏｗ）」は意見が異なったとしても、手段のバリエーションが増えることになり、学びになります。

若手育成の開始前には、成果獲得モデルの内容を職場メンバー全員に理解してもらうこと、研修等によりＯＪＴのスキルを学んでおくことが必要になります。

また、前述のとおり、この仕組みは若手の育成だけでなく、管理職登用に向けてのＯＪＴリーダーの育成でもあります。管理職になると職場メンバーの全員が育成対象者になるため、若手１人に絞ることで負荷を減らし、その経験から教訓を得ることで、対象者が増えても対応できるようになってもらいます。また職場全体で育成に取り組むことから、その中心人物であるＯＪＴリーダーにはリーダーシップが求められます。職場メンバーをまとめるチームビルディングも経験することになるため、管理職を見据えた、成長の場として良い機会になります。

成果獲得モデルを活用した指導

日々の業務を行っていると、「なかなか前に進まず、次にどうしてよいかわからない」と行き詰まることがあります。もし行き詰まったと感じたら、成果獲得モデルを用いて、業務を振り返ります。成果獲得モデルには最終成果までの道筋が記載されていますから、最終成果に向けて、これまできちんとマイルストーンに到達しているかを、フェーズごとに検証します。もし曖昧さがあると感じたなら、前のフェーズに戻って、確実にマイルストーンに到達するようにします。問題がなければ、現在のフェーズに記載されている成果獲得行動を確認し、質・量ともに不十分な行動がないかをチェックします。

ここまでは若手が独力で進められるところです。それでも、どうしてよいかわからなければ、OJTリーダーが支援します。若手から状況を聞き出し、現在、どのフェーズにいるのか、次のフェーズに進めないのは何が問題だからなのかを気づかせ、打開策を若手に提示します。このように成果獲得モデルを指南書として若手育成に活用します。まず若手に考えさせてから、OJTリーダーが指導するという方式をとることで、若手に待ちの姿勢がなくなり、OJTリーダーの負担も減らすことができます。

しかし、打開策を決めたにもかかわらず、若手が行動しないことがあります。この場合、行動していないことを叱るのではなく、どうして行動しないのかの原因を探ります。原因は、

①行動すべきことをわかっていない、②能力不足で行動できない、③行動できる状況や環境でない、のいずれかが考えられます。本人にヒアリングを行い、原因を特定したうえで対応します。

多くの場合、若手は困っていても何を相談してよいかわからずに自分で抱え込んでいますから、仕事が前に進んでいないと感じたら、積極的に声をかけるようにします。またＯＪＴリーダーは育成責任者である上司に定期的に状況を報告し、適宜、アドバイスやサポートをもらうようにします。若手の成果はＯＪＴリーダーの成果でもあるため、うまく成果が出ない場合は、ＯＪＴリーダーの指導にも問題があると考え、ＯＪＴリーダー自身も、きちんと反省し、これまでの行動を振り返るようにします。これによりＯＪＴリーダー自身も成長します。

4　目標管理

目標管理は経営目標を達成するための仕組みですが、同時に全社員の人材育成の仕組みでもあります。

経営目標を達成するには、⑴経営目標を個人目標にブレークダウン（目標の連鎖）する、⑵業務目標を設定する、⑶評価基準を設定する、⑷ＰＤＣＡサイクルを徹底する、これらの４つが重要です。

これにフィードバックを加えることで、人材育成の仕組みとして機能します。

①目標の連鎖

経営目標は組織目標の総和であり、組織目標は個人目標の「総和」です。社員一人ひとりが個人目標を達成することで組織目標が達成でき、ひいては経営目標が達成できます。目標は現状よりも良い状態に引き上げることを目的に設定するため、自ずと課題が形成されます。そのため実際には、個人に目標と課題が割り当てられることになります。割り当てる際には、漏れや重複が出ないように注意するとともに、社員全員の目標達成によって経営目標が達成できるという感覚を感じてもらえるように、経営目標と個人目標とのつながりを説明することが大事です。

例えるなら、未来の経営目標達成という１枚の集合写真に、自分が写っていることがイメージできれば、組織との一体感を感じ、目標達成に向けて頑張ろうというやる気と使命感が生まれます。

もし経営目標と自分の仕事につながりが持てなければ、どこか他人事のようになってしまい、その人の能力は十分に発揮されないでしょう。仕事の意味付けをきちんと行うことは、目標管理には欠かせません。また仕事を通してどのような経験が得られるか、その経験が本人のキャリア実現にどうプラスにつながるかといった、キャリアの意味付けを合わせて行うことで、より強い動機付けができます。

②業務目標の設定

目標を管理するには、個人目標から複数の課題を設定し、その一つひとつを業務目標と行動計画に落とし込むことが必要です。業務目標は「何を」「いつまでに」「どのくらい」、行動計画は「何を」「いつまでに」「どうするのか」で表現されます。

業務目標の設定は仕事のゴールを決める行為で、山登りで例えると山の麓（現時点）をスタートとし、山頂まで登るのか、8合目まで登るのかを決める作業になります。どうなったらゴールとするかを表すため、状態表現で記述します。

行動計画は「業務目標に到達する道筋（ストーリー）」を表します。道筋は行動の積み重ねですから、具体的に記述します。行動計画がなければ、実現可能性が判断できず、いつしか根性論になってしまいます。

◉目標の立て方

目標設定にあたって、営業のような数字を追いかける職種は、売上・利益など目標が設定しやすいですが、数字を追いかける職種でない場合は、工夫が必要になります。一旦、定性目標を作成した上で、定量目標に置き換えていきます。また結果が出るまでに時間がかかる職種については、中間目標（マイルストーン）を設定します。

例えば、プロ野球チームの目標を例に考えてみます。目標を「打撃を中心としたチームが出来上がっている」とします。しかしながら、この目標は定性目標であり、測定可能な表現ではありません。そのため評価することは困難です。そのような場合には左図のように複数の指標を組み合わせて、定量目標に置き換えます（図21）。

図21　複数指標を用いた目標設定の例

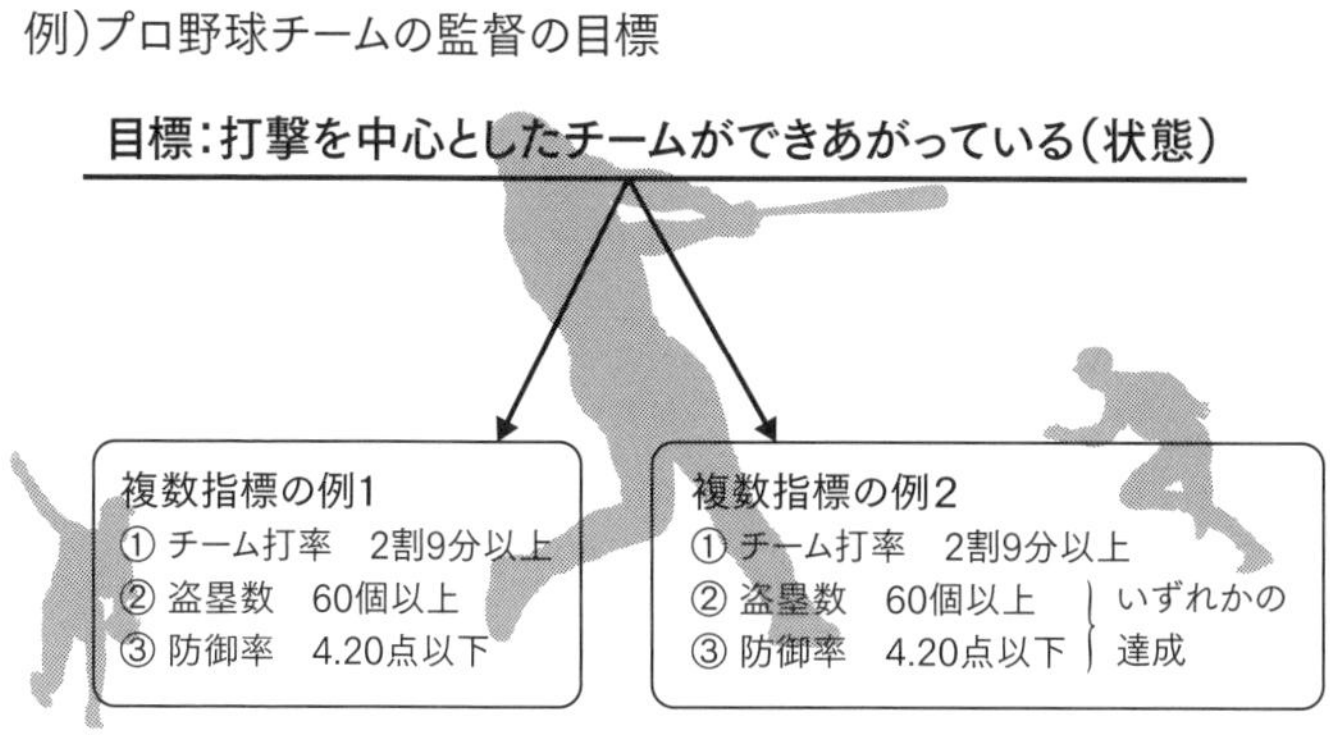
例）プロ野球チームの監督の目標
目標：打撃を中心としたチームができあがっている（状態）
複数指標の例1
① チーム打率　2割9分以上
② 盗塁数　60個以上
③ 防御率　4.20点以下
複数指標の例2
① チーム打率　2割9分以上
② 盗塁数　60個以上
③ 防御率　4.20点以下
いずれかの達成

管理・間接部門の一部の業務については、目標設定が難しいものもあります。特に、コンプライアンスや生産ラインにおける死亡事故ゼロのような安全に関わるものなど、「起こしてはならないこと・起きてはならないこと」については、発生数や頻度を目標として設定するには無理があります。コンプライアンスの場合、コンプライアンス違反ゼロを目標にしがちですが、社員一人ひとりの意識の問題であり、担当者が直接的にゼロにすることはできないため、ゼロを目標設定にするのは適当ではありません。どうなれば（どんな条件が揃えば）ゼロに近づくかを一段掘り下げて考えます。例えば、コンプライアンス違反に関わる事象の相談や報告を受ける機能があればゼロに近づく、社員のコンプライアンスに対

する意識を高めることができればゼロに近づくと考えれば、コンプライアンスの社内相談窓口を設ける、懲罰規定を制定する、といった内容が目標となります。一見、手段を目的化しているように見えますが、これらを実行することで、コンプライアンス違反がゼロに近づくのであれば、目標として設定する価値があります。

また目標管理は目標を設定しても、運用に躓くことで、形骸化することがあります。よくあるのが、期中に状況が変化し、業務の優先順位が変化することです。この変化のタイミングで目標を修正しないと、期末になって、「評価ができない」ことになります。そうならないように、目標に変更が生じた場合には、「一週間以内に修正し、共有する」のようなルールを決めておくのがよいでしょう。

ストレッチ目標の設定

ストレッチという概念は、1990年代初頭に米国のジェネラル・エレクトリック社（GE）が業績目標設定のために導入したことが始まりです。例えば、「目標10に対して12を目指す」というストレッチ目標を設定したとします。結果的に「11」であったとしても、従来の目標は超えており、超えた分の「1」は、本人の成長にとってプラスになります。もしストレッチ目標がなければ、「目標10」に達したところで満足してしまい、「11」には届きません。一方で、過剰なストレッチは成長を阻害します。「10で精一杯なのに、12なんて無理だ」と思いながら仕事をすると、最終的に「9」の結果で終わってしまいます。GEは従来の目標「10」とは別に、「どこまでやれるか」を本人に尋ねることで、ストレッチ目標「12」を設定し、その挑戦的な目標に向かって進むことを組織として大事にする組織文化づくりに取り組みました。ストレッチ目標の達成責任は求めず、達成した人にはボーナスとストックオプションを与えることで、やる気を高めています。これだけを見ると外発的動機をうまく活用しているように見えますが、ストレッチ目標は自分で設定して、達成責任も求められないことから、自己決定による内発的動機もうまく活用していると言えます。

◉目標の3種類

一概に目標と言っても、いろいろな目標があります。

仕事というのは、業務目標と現実のギャップを行動の積み重ねで埋めていく行為です。行動の質・量が業務目標の達成に直結しますから、行動目標を立てることは有効です。特に営業の場合、市況の変化等で業務目標の達成・未達成の影響を受けますが、行動目標（訪問回数など）は比較的影響を受けにくく、評価に用いる企業も多くみられます。また行動には知識やスキルといった能力を伴います。能力が身についていなければ、行動目標が立てられませんので、場合によっては行動目標ではなく能力目標を立てることも必要になります。このように、目標には「業務目標」「行動目標」「能力目標」の3種類があります。この理解がないと、目標を立てるように指示しても、現状にそぐわない目標が出てきてしまいます。

③評価基準の設定

社員意識調査を行うと、必ずと言ってよいほど「評価」への不満が問題として挙がります。原因は評価者の評価スキルなどいくつかありますが、その多くは「評価基準が不明確である」ことです。評価は昇進昇格や処遇に影響しますから、社員のモチベーションに直結します。「自分はきちんと評価されていない」という不満は、上司への不満になります。最適配置を実現し、能力開発により能力が向上したとしても、評価によってモチベーションがゼロ（あるいはマイナス）になってしまうと、いつしか上司に対して反抗的になり、組織のモラールを低下させてしまいます。評価に不満はつきものですが、本来、評価は期中の頑張りや成果を認め、次に向けてモチベーションを高めるために行うものです。

例えば評価基準（5段階）を「5：期待をかなり上回る、4：期待を上回る、3：期待レベル、2：期待を下回る、1：期待をかなり下回る」とすると、期末の時点で〝上司の期待〟という漠然とした基準によって評価されることになります。上司から評価の結果を伝えられ、上司評価と自己評価にギャップが生じた場合、部下は「何をすればよかったのか」と悩むことになります。上司に理由を聞いたとしても、後付けのように感じてしまい、好き嫌いで評価しているのではないかと疑いを持つようになります。このようなことを避けるには、評価基準を実際の仕事に置き換えて表現し、期初に上司と部下で共有しておくようにします。基準が具体的であるほど評価のブレを減らすことができ、事前に共有することで、評価の納得性が上がります。また、どう頑張れば評価が上がるのかがわかるため、目標達成へのコミットが強化され、オーナーシップが生まれます（図22）。

図22　目標達成度の基準

テーマ（課題）	新人事制度の管理職用マニュアルをつくる	
目標達成度の基準	5：管理職からの質問をすべて解決できるマニュアルが作成できた	期待をかなり上回る
	4：上司の関与なく、一人でマニュアルを作成できた	期待を上回る
	3：上司の関与を最小限に、ほぼ一人でマニュアルを作成できた	期待レベル
	2：上司に随時指導を仰ぎ、どうにかマニュアルを作成できた	期待を下回る
	1：上司に随時指導を仰いだが、ほとんど作成できなかった	期待をかなり下回る

〝仕事の成果〟は目標達成度とプロセス難易度から総合的に評価します。目標達成度は期初に立てた目標にどの程度到達したかで決まります。プロセス難易度は、テーマ（課題）に取り組むうえで、どの程度、複雑なプロセスを踏むことになるか、乗り越えることが困難なプロセスが存在するかで決まります。

　プロセス難易度は本人の能力レベルではなく、各等級の期待人材像に合わせて設定します。

　実際の組織運営において、優秀な人材には、目標達成度の期待レベルを高く設定せざるを得ないため、継続的に負荷をかけることになります。優秀な人材からすると、あの人の方がたくさん給料

図23　プロセス難易度を評価に反映する

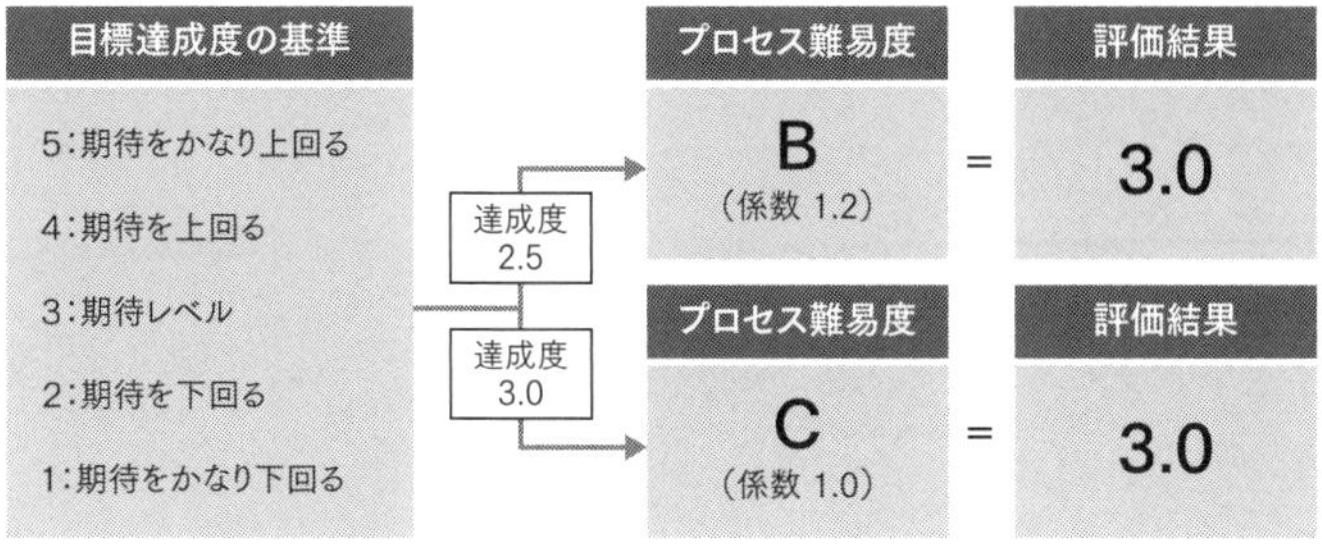

をもらっているのに、自分ばかりが大変な思いをしていると不満が溜まりやすくなります。組織目標の達成にはやむを得ないことではありますが、この状況が続くと本人のモチベーションは低下し、組織のモラールも低下します。

これを避けるために、プロセス難易度の基準を設定します。例えば、プロセス難易度の基準を「A：当該等級の上位10％に値する、B：当該等級の上位30％に値する、C：当該等級の水準レベルである、D：当該等級の水準レベルを下回る、E：当該等級の水準レベルをかなり下回る」とし、テーマ（課題）ごとにプロセス難易度を定めます。そしてプロセス難易度「B」を1・2、プロセス難易度「C」を1・0というように係数を設定し、目標達成度の結果に乗じて評価します（図23）。これにより難易度の高い仕事に挑戦すると、プロセス難易度が加味されるため、仮に目標達成度が期待レベルの「3」にやや届かなかったとしても、難易度が普通の仕事で期待レベルに達した場合と同じ評価になり、達成した場合は、より高い評価が得られます。難易度の高い仕事に挑戦することは決して損になることはないため、挑戦意欲の喚起につながります。このように挑戦できる環境を整備し、変革の意識を醸成していきます。

④PDCAサイクルの徹底

目標を設定したら、期中はPDCAサイクルを回します（図24）。

Pとは、目標（何を、いつまでに、どのくらい）にどのような方法で到達するかを具体的に示したものです。成果が計画を下回ることなく、また極端に上回ることなく、計画通りに進んでいくことが理想です。期末になって計画と進捗との乖離を知ることになっても、持ち直すための時間的余裕はありませんから、計画作成時に中間目標（マイルストーン）を設定するなど、期中、計画通りに進んでいるかを客観的に判断できる状況をつくります。可能であればKPI（Key Performance Indicator）を設定するのもよいでしょう。KPIを設定することで、Checkの精度が上がります。

図24　PDCAサイクル

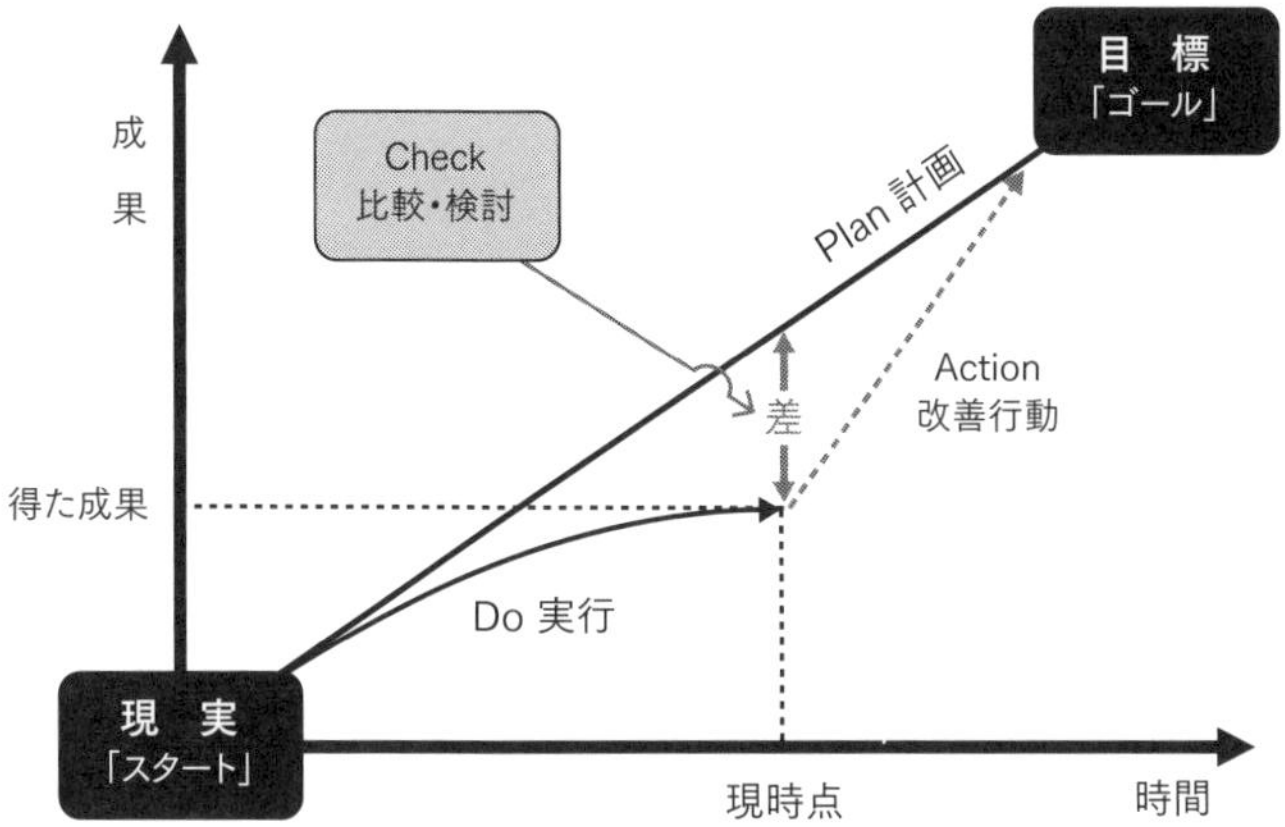

Dとは、計画に沿って実行することです。確実に成果が得られるように、Pで立てたシナリオをToDoに落とし込むなど工夫し、進捗が遅れないようにします。

PDCAサイクルの要《かなめ》はCです。Checkとは比較・検討の意味で、仕事が予定どおりに進んでいるか、計画を基準に、これまでに〝得た成果〟と比較し、どの程度、ギャップ（差）が生じているかを明確にします。差が明確であれば、その差を埋める適切な改善行動（A）をとることができます。そのためCheckの精度が大事になります。これを適当にしてしまうと、目標達成の確度が下がってしまいます。ここでのポイントは計画以上に進捗が良くても問題だということです。計画の進捗が良すぎるとムリをしているかもしれません。一方で、進捗が悪い場合は、ムダが発生しているかもしれませんので、計画どおりに進捗するのが理想です。またＣｈｅｃｋは育成の観点からも重要です。なぜ計画どおりにいかないのか（あるいは計画どおりにいっているのか）を考察することで、経験則を得ることができます。これは個人に限ったことではありません。ＰとＤはきちんとやっているがＣ／Ａは曖昧という企業は案外、多いように思います。ＰＤＣＡサイクルの徹底を通して業務目標の達成と人材育成の両方を強化していきます。

⑤フィードバック

フィードバックはリアルタイムで行うことが基本です。日々の行動は何らかのインパクトがないかぎり、時間の経過とともに記憶は失われるため、気になる行動があれば、すぐに本人に伝え、修正を指示します。例えば、あなたが陸上選手で１００Ｍを何本か走った後に、監督からすべてのタイムをまとめて見せられ、指導を受けたとします。タイムの良し悪しやバラツキはわかりますが、タイムが良かった時にどのような走りをしていたかまでイメージすることはできないでしょう。これでは効果的な指導とは言えません。1本ごとにタイムを伝え、その場で監督から指摘を受け、フォームを修正することで、次のタイムに期待が持てるようになります。フィードバックまでに時間がかかってしまうと行動の修正は難しくなりますから、気付いた時点ですぐに行うようにします。

加えて、日報や週報のような定期報告、期中に行う中間報告、期末の結果報告など、報告のタイミングに合わせてフィードバックを行います。PDCAサイクルのスパンが異なれば、得られる教訓も変わります。スパンが1日単位であれば、日々のオペレーションレベルの教訓になるでしょうし、1年単位であれば、業務全体を包含するレベルの教訓になるでしょう。

フィードバックには「結果」と「プロセス」の2種類があります。「結果」のフィードバックは、良かった・悪かったという評価として受け止められます。そのため結果の良し悪しは「基準」とともに伝えることが大事です。主観でなく客観的な事実を「基準」に照らし、基準を超えているか下回っているかを伝えるようにします。

一方で「プロセス」のフィードバックは、次に良い成果を出すための「ヒント」として受け止められます。「結果」を変えることはできませんが、「プロセス」は変えることができます。そのため人材育成は「結果」以上に「プロセス」を重視します。手順をきちんと踏んでいれば、今、結果が出ていなくても、近い将来、必ず良い結果が出るだろうとの期待がもてますが、今の結果が良くても、場当り的であれば、次に良い結果が出るかはわかりません。

フィードバックを受ける部下の関心ごとは、上司が一定期間の頑張りをきちんと見てくれてアドバイスをしてくれているかです。アドバイスは思い込みではなく、事実に基づいて行えるように、期中の仕事ぶりをメモしておくようにします。そのメモは後述する「コンピテンシー評価」にも活用します。

フィードバックの語源

諸説ありますが、軍事用語が語源であると言われています。

砲撃手が大砲の照準を合わせるために、狙った〝的〟へ試し打ちをします。〝的〟の近くにいる人が、着弾の位置が〝的〟からどの程度外れているかを計測し、砲撃手に正確に伝えます。砲撃手は伝えられた情報をもとに砲身の角度を変えるなど工夫することで、次の砲弾をより

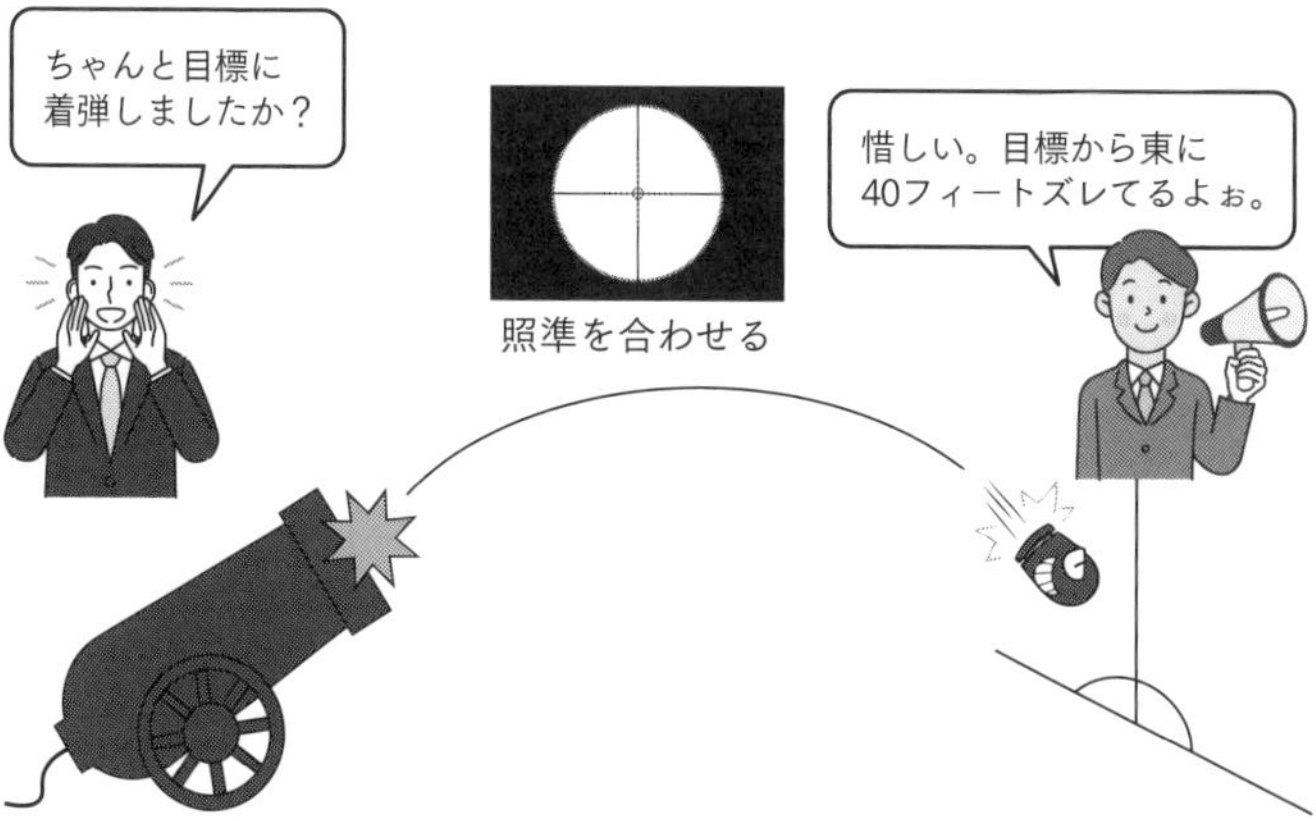

目標に近づけて狙えるように調節します。

このようにフィードバックは結果の良し悪しを伝えるだけでなく、「次回、いかに成功に近づけていくか」というプロセス改善に焦点を当てて行います。

◉コンピテンシー評価のフィードバック

コンピテンシー評価とは、仕事で発揮している能力を、定められたコンピテンシー項目に照らしてレベル判定することです。コンピテンシー評価のフィードバックは次の成長課題を設定することにもつながるため、感覚的に評価するのではなく、業務活動で見られた行動事実（実際の行動）を評価基準に照らして評価します。

評価の手順は、

(1)期中に観察された、被評価者の行動事実を書き出します（行動の抽出）。

(2)行動事実をコンピテンシーの評価項目に紐づけます（評価項目の選択）。

(3)評価基準に照らし、一旦、最適と考えられる評価レベルを判定します（評価の仮判定）。

(4)本当にこの評価が妥当なのかを自問自答します。

（行動評価は高くつけがちなので「1つ下の評価でも問題ないのではないか」と、一つずつ評価レベルを下げて考えます。）

(5)理由を明確にし、評価を確定します（評価の確定）。

コンピテンシーを評価するにあたって、やってはいけないことは、

・一つの行動事実からコンピテンシーを評価することです。一つの行動事実では、偶然かもしれず、その行動をもってレベル判定することは危険です。1の事実を100の事実のように捉えないようにします。

・一つの行動事実を複数の評価項目に紐づけることです。一つの優れた行動により、複数のコンピテンシーの評価が高くなる、あるいは一つの物足りない行動により、複数のコンピ

テンシーの評価が低くなることは避けなければなりません。

このような評価エラーを起こりづらくするには、コンピテンシー評価を行う際に、コンピテンシーを起点に行動事実を探すことはせず、行動事実からコンピテンシーを選択するようにします。期末になって、行動を思い返そうとしても、なかなか出てきませんから、日々の業務活動やコミュニケーションで気づいた、良い言動や良くない言動をメモするようにします。

【参考】代表的な評価エラー

ハロー効果

被評価者の今期の結果（業績）や長所（短所）に引きずられてしまい、全体的に評価を高く（低く）してしまうことです。評価者が最も陥りやすいエラーです。

寛大化傾向

被評価者に良く思われたい、関係性を壊したくないという理由から、評価が全体的に甘くなってしまうことです。評価者に実績や能力、仕事に対する自信がない場合に、この傾向に陥りやすくなります。

中心化傾向

当たり障りのない無難な評価で収めようとして、評価が平均に寄ってしまうことです。被評価者の行動事実を把握していなかったり、評価そのものに自信がなかったり、評価基準が明確でない場合に、この傾向に陥りやすくなります。

逆算化傾向

全体評価の結果ありきで、その評価になるように各項目の評価結果を調整することです。例えば、昇格要件を満たすような評価結果になるように、帳尻を合わせる行為のことです。

対比誤差

評価基準ではなく、評価者である自分自身を基準にして、被評価者を評価してしまうことで、評価者の優れている部分については、「まだまだ」と厳しく評価し、劣っている部分については「十分できている」と甘く評価してしまいます。

論理誤差

ある評価要素の結果が他の評価要素の結果に影響を与えてしまうことです。例えば、論理的思考が高いからという理由で、問題解決力も高いだろうと思い込んで評価してしまうことです。

期末誤差

評価期間の後半に起こった出来事（成功／失敗）が評価全体に大きく影響を与えてしまうことです。

◉成果獲得モデルとコンピテンシーの連動

成果獲得モデルの成果獲得行動一つひとつにコンピテンシーを紐づけることで、コンピテンシー評価がしやすくなります。例えば、「競合他社に負けないソリューションを提供するために、社内の各部署や社外関係者と協同する」という成果獲得行動があるとします。この行動に最も関連していると考えられるコンピテンシーを自社のコンピテンシー項目から選択します。例えば「説明力」「対人調整力」の2つのコンピテンシーを選択したとします（行動の内容によって、コンピテンシーを2つ選択することもあれば、3つ以上を選択することもあります）。すべての成果獲得行動をコンピテンシーに紐づけると、自ずと、一つのコンピテンシーに対し、複数の成果獲得行動が紐づくことになります。

そのコンピテンシーを最もよく表している成果獲得行動から順に並べ、トータルが100％になるように配分していきます。

これらの作業により、成果獲得モデルとコンピテンシーが連動します。つまり成果獲得行動を評価（5段階）することで、図26のように、コンピテンシーが評価できるようになります。

説明力＝3点×0・5＋4点×0・35＋2点×0・15
＝1・5＋1・4＋0・3
＝3・2

コンピテンシーをきちんと評価するには、ある程度経験を積むことが必要になりますが、成果獲得行動は仕事の中で観察できるため比較的評価がしやすく、評価者のブレを減らすこ

図26

コンピテンシー	成果獲得行動	配分	評価点
説明力	成果獲得行動Ａ	50%	３点
	成果獲得行動Ｂ	35%	４点
	成果獲得行動Ｃ	15%	２点

とができます。

　このように成果獲得モデルとコンピテンシーを連動させることで、コンピテンシー評価の精度が上がり、運用がしやすくなります。

5　教育研修

　人が成長するには、ロミンガー社の調査結果（Ｐ１０１）が示すように、仕事上の直接経験や他者からのアドバイスだけでは不十分です。書籍や研修から新たな知識を得たり、新たなスキルを身につけたりすることで、これまでできなかったことができるようになり、これにより新たなことにチャレンジできるようになります。教育研修は70：20：10の法則の10の部分になります。

　企業の人材投資の国際比較において、日本企業は先進国（米国、フランス、ドイツ、イタリア、英国）と比較し、ＧＤＰに占める人材投資の割合が最も低く、さらに低下傾向であることがわかりました。

教育研修は投資対効果の説明が難しく、現場の仕事よりも重要性を低く捉えられがちです。ある企業の社員から、「社外研修会に参加したいと上司に伝えたところ、そのコストに見合った成果を強く言われたため、とても参加しますとは言えなかった」と不満をこぼされたことがあります。インプットを増やしたからといって、必ずしも創造的な仕事が生まれるわけではありませんが、インプットがなければ新しいものは生まれません。意図をもって研修会に参加すべきではありますが、研修会への参加が必ず成果につながると断言することは難しく、情報収集が目的となるような場合は、さらに説明責任を果たすことが難しくなります。

社内の研修であっても、人事主催の研修は、全社横断で開催することが多く、専門能力の強化よりも概念化能力や対人関係能力の強化が重視されます。現場からすると、仕事の成果に直結しない研修はどうしても後回しにしたくなりますが、目の前の仕事をこなしているだけでは、新しい取り組みにつながることはありません。研修というのは先人たちの知恵を体系的に学ぶ機会ですから、自分の経験から知恵を導くよりも圧倒的に効率よく知恵を得ることができます。

会社は個人が学習することにもっと寛容になり、個人は〝頑張る木こり〟にならないよう刃を研いでもらいたいと思います。

では、どのようなタイミングで研修を受講させるのが効果的でしょうか。仕事が失敗しないように仕事を経験させる前に研修を受講させるべきか、仕事を経験させてから受講させるべきか、どちらを選択するかについては悩むところだと思います。

業界や職種によって異なるとは思いますが、営業であれば、顧客が寛容であった時代は「失敗から学ぶ」こともできたため、仕事を経験させてから受講させることで、より多くの学びを得ることができました。しかしながら競争環境が厳しくなったことで「失敗＝信頼関係の悪化＝即失注」を避けるために、「失敗しないために学ぶ（経験する前に学ぶ）」ことが多くなっていると感じます。

基本的な考え方として、ある知識やスキルを修得してからでないと仕事そのものができないという職種の場合は、当然、仕事を与える前に学ばせるべきですが、そうでなければ、仕事を経験させてから学ばせるのが効果的です。仕事を与える前に、方法論を学んだとしても、学びは深まらず、腹落ち感も得られません。覚えることが目的になりやすく、それだとすぐに忘れてしまいます。一方で、成功・失敗に関係なく、仕事を経験してから学びの機会を与えると、これまでの経験や自分が抱えている問題を研修内容と照らし合わせ、参考になる部分を探しながら学習するため、定着しやすくなります。また受講者同士の意見交換により、いろいろな経験を聞くことができ、より一層学びは深くなります。

〝砂漠での一杯の水〟のように、渇望したときに知識やスキルを学習する方が腹落ちしやすく、研修効果が高まります。

カッツ・モデル（図27）

教育研修は〝期待人材に求められる能力レベル〟に引き上げるために行います。一般社員から経営者に至るまで、「専門能力」「対人関係能力」「概念化能力」の3つの能力が必要だと言われています。

専門能力とは、特定の業務を遂行するのに必要な知識やスキルのことで、営業、研究開発、経理、人事といった職種ならではのスキルです。自社だけでなく他社でも通用するレベ

図27　カッツ・モデル

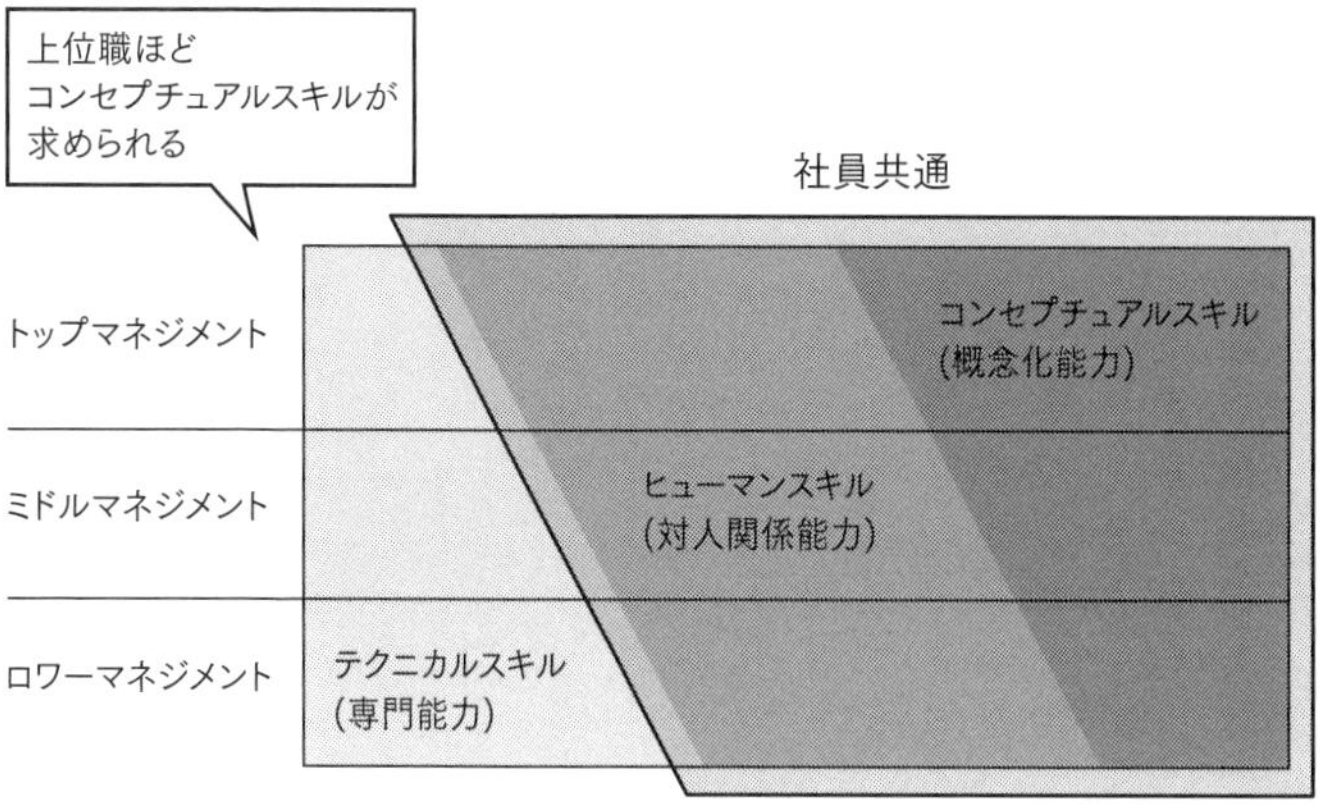

Katz, Robert L.（1955）

ルが望ましいです。対人関係能力とは、時に衝突することがあっても、長期的に他者とうまくやっていくことができる力のことです。他者のモチベーションに良い影響を与えることができる力や、リーダーシップなどもこれに含まれます。概念化能力とは、複雑な物事をシンプルに理解する力のことです。混沌としている状況の中で何かしらのルールを見つけたり、何の関係もなさそうな複雑な事象の中に共通項を見つけ出したりする能力です。これらの3つの能力は、組織の役職によって必要とされるウェイトが異なると考えられています。経営に近くなるにつれ複雑な物事をシンプルな概念として捉え、ビジョンや方針として表現する概念化能力が重視されます。

インストラクショナルデザイン（ID）

製品やサービスは、消費者が品質の良し悪しを判断するタイミングによって、探索財、経験財、信頼財に分けられます。

探索財とは、その製品やサービスを購入する際、事前に色々比較検討できるようなモノを言います。たとえば自動車のようにスペックがわかる商品は、事前に良し悪しを判断することができます。

経験財とは、その製品やサービスを購入する際、事前に品質を判断することが難しく、実際に経験した後でないと判断できないモノを言います。たとえばコンタクトレンズのように使ってみて良さを感じる商品を言います。

信頼財とは、製品やサービスを利用した後であっても、その製品やサービスの品質の良し悪しが判断できないモノを言います。たとえば医療機関のように、自分にとって良い医療であるかどうかは治療を受けたとしてもわかりませんから、医者を信頼するしかありません。教育研修は「信頼財」に分類されます。研修を受講したからといって、その研修が良いモノかの判断は受講者によって異なるでしょうし、確実に成果が上がるとも言い切れません。成果が上がらないことを理由に、研修が良くないのではないかとか、研修そのものに意味がないのではないかと判断されることがあります。

そのようなことを避けるために、研修を企画する際には、インストラクショナルデザイン（ＩＤ）を用いて教育研修の品質を担保します。

ＩＤは教育設計の方法論で、教育研修の起案から実施、評価までの一連の流れを示したものです。最もよく用いられるＩＤのモデルがＡＤＤＩＥです。Ａ（Analysis：分析）、Ｄ（Design：設計）、Ｄ（Development：開発）、Ｉ（Implementation：実施）、Ｅ（Evaluation：評価）の5つの頭文字をとって、ＡＤＤＩＥと言います。このモデルを活用して次図のような手順で進めていきます（図28）。

「Ａ：分析」は、組織活動を強化するために、組織のパフォーマンスと個人のパフォーマン

図28　ADDIEモデルの活用

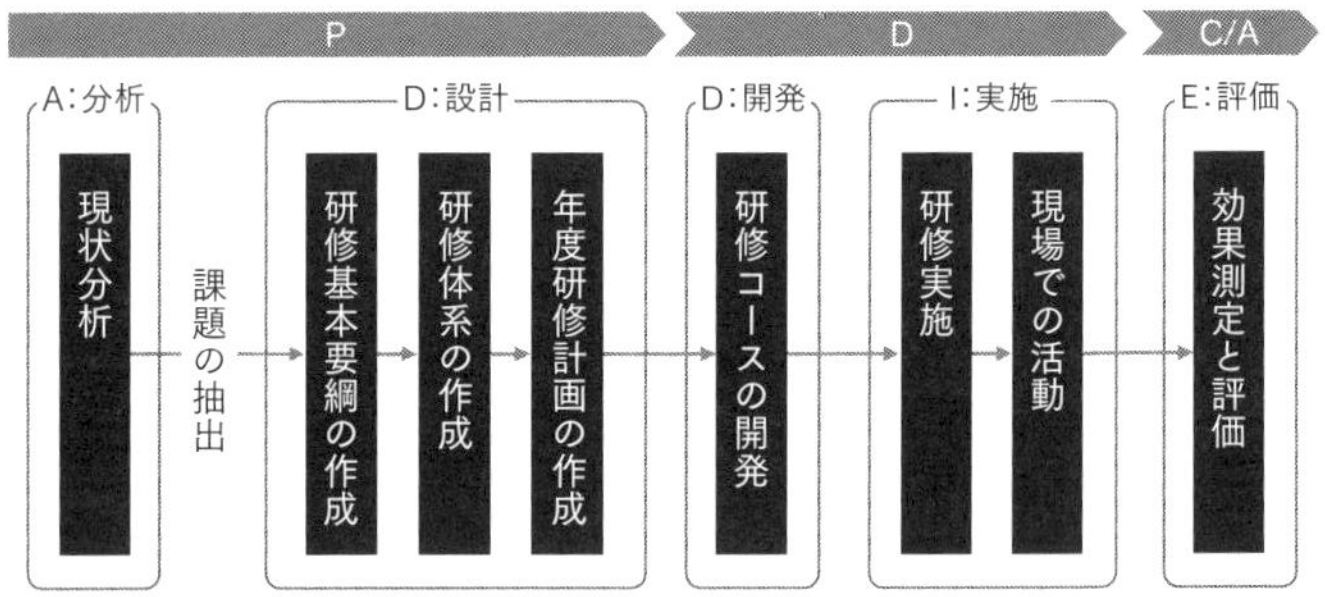

スに関する情報を収集し、課題を抽出します。

幹部へのヒアリングを中心に情報収集しますが、ヒアリング前には既にあるパフォーマンス情報を読み込んでおきます。例えば、社員意識調査の結果やコンピテンシー評価の結果から、組織や個人のパフォーマンスの状態を想像し、どこに問題がありそうか、何が課題になりそうかの仮説を立てます。幹部にデータを提示しながら、あるべき姿（Should）と現状（is）のパフォーマンスにどの程度のギャップが生じているか、今後、どのような能力を強化していきたいかなど、短期・中長期の観点から聞き出し、仮説を検証します。

あるべき姿と現状が同じであれば教育研修は不要ですが、多くは、あるべき姿と現状にはギャップがあります。そのギャップが市場の変化や競合他社の動向といった外部環境

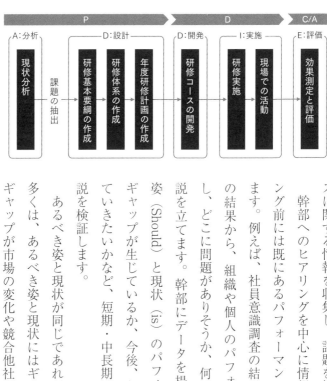

が原因で生じているのか、社員の能力や組織風土といった内部環境によるものなのかを判断します。社員の思考や行動に起因するのであれば、教育研修が解決策の一つになります。

「D：設計」は、研修基本要綱の作成、研修体系の作成、年間研修計画の作成の3つから構成されます。現状分析で導き出した教育ニーズに対し、教育の全体像を研修基本要綱として明文化していきます。研修基本要綱は、期待人材の創出を目的に、一定の方向性をもって教育施策を進めるために作成します。研修基本要綱には教育研修の指針や人材育成方針など7項目について記述します（図29）。

研修体系は、主に階層別（役割別）、職種別の二つの柱を中心に、スキル別、テーマ別、キャリア、次世代リーダー育成を目的とした選抜型に分類されます。その対象者や研修内容は企業の意思決定スタイルによって大きく変わります。トップダウン型は経営のアイデアを具現化することが求められるため、どのように具現化するかを考える一部の部長・課長クラスが教育の主な対象になります。一方でミドル・アップダウン型やボトムアップ型は経営層と一般社員の接合点になる課長クラスやアイデアを起案する一般社員に教育の焦点が当たり

図29　研修基本要綱

研修基本要綱	
人材育成方針	組織としてどのような人材を必要とし、育成していくかという人材育成の基本となる考え方を示したもの
組織メンバーの行動指針	階層ごとに、組織メンバーはどのような行動をとることが期待され、どのような能力を発揮することが求められているかを示したもの
研修実施上の重点項目	必要とされる能力を開発するために、何を重視して研修を実施するかを示したもの
研修関連諸施策の意義と位置づけ	能力開発支援策、キャリア自律支援策の意味や相互の関連を示したもの
OJT や自己啓発の意義と位置づけ	人材育成の中での、OJT、Off-JT、自己啓発の位置づけを示したもの
他の人事制度との関係	人事制度（昇進・昇格あるいは職務変更など）と研修の関係を示したもの
研修実施体制	全社と部門で実施する研修のすみ分けを示したもの 例えば、専門性に関わる研修は部門、その他の研修は人事が主催

ます。創造性の獲得には、個人のスキルアップが不可欠ですが、仕事の特徴や仕事の進め方の違いにより必要となる経験や能力は一人ひとり異なるため、対象者に応じてオーダーメイドで進めていくのが理想です。

そのため知識やスキルの習得は選択式の研修が適しています。専門能力強化については、社内だけでなく社外との交流を増やすなど、他社事例からヒントを得て社内に展開できるよう、社外を意識した活動を推奨します。

トップダウンの研修体系と大きく異なる点として、リーダーシップが挙げられます。ミドル・アップダウン型やボトムアップ型の意思決定スタイルは、社員一人ひとりが自律的に考えて行動することが強く求められるため、リーダーシップの強化が必要になりますが、トップダウン型はトップの指示に従うことがすべてであるためリーダーシップは重視されません。

キャリア教育の目的はさらに企業の意思決定スタイルに影響を受けます。専門能力重視のキャリア教育は市場価値を高めることに重きが置かれるため、自ずと、自社に留まらず他社への転職も視野に入れた内容になりますが、社内価値重視のキャリア教育は、「Bloom where God has planted you.（置かれた場所で咲きなさい）」のように、今の仕事が、仮にやりたくない仕事であっても、自分の中で決着をつけ、どのようにして自分の能力を活かしながら仕事の成果を出していくかに重きが置かれるため、教育の方向性が大きく異なります。

階層別教育は、役割が変わるタイミングで実施します。特に一般社員から管理職への移行時には、教育研修が必要です。管理職は組織管理者と非組織管理者に分けられますが、組織管理者であれば、組織運営を任され、「自分が動いて成果を上げる」から「人を介して成果を上げる」にパラダイムが大きく変化します。非組織管理者であれば、リーダーシップを発揮して、組織横断的な動きが求められます。研修を設計する際には、会社からの期待（＝結果責任と遂行責任）とその責任を果たすために、どのような「権限」が与えられるのかを理解した上で職務にあたってもらえるように、組織管理者と非組織管理者の違いを明確にします。

教育研修は、あるべき姿と現状のパフォーマンスギャップを埋めることが目的ですが、もう一つ、大事な目的があります。それは組織の共通言語をつくることです。

組織活動を強化するには、コミュニケーションの質を高めることが不可欠です。共通言語は組織メンバー間の意思疎通を図りやすくします。例えば、会議でよく使う言葉に「問題」があります。ちなみに「問題」とはどのような意味でしょうか、類似の言葉に「問題」と「課題」あるいは「問題」と「問題点」がありますが、これらは何が違うのでしょうか。人によって言葉の定義が違うと、お互いの認識がズレた状態で意見交換が進んでしまうため、意見がまとまらなくなります。営業であれば「クロージング」という言葉がありますが、会社によって言葉の定義が異なります。「面談の締めくくり」を意味する会社もあれば、「契約の獲得」を意味する会社もあります。「クロージング力」をテーマに両者が討議しても、捉え方が異なるため、話は嚙み合わなくなります。ＯＪＴという言葉も人によって捉え方が異なります。何をすることがＯＪＴなのかを管理職に聞いてもバラバラな答えが返ってきます。これではＯＪＴを強化するといっても、何を強化するのかわかりません。言葉が一義的でない（共通言語でない）がゆえに意思疎通がうまくいかないケースは、案外、多いのではないでしょうか。

そこで、教育研修の共通言語づくりとしての側面が活きてきます。社員全員が共通言語として使えるようになるには、全社員を対象に研修を継続していくことが必要になります。

ある企業は提案資料のフレームを共通にしています。内容構成が決められて（共通言語化されて）いて、提案資料をＡ３用紙一枚にまとめることがルールになっています。これにより異動になっても資料の作り方が変わらないため、迷う必要がありません。会議も提案資料に沿って行われるため、効率的になります。このように共通言語をつくることでコミュニケーションの質が上がり、生産性が向上します。

また教育研修の副次的効果として、社員の一体感の醸成が挙げられます。多くの企業が、研修終了後に懇親会を行い、様々な部署の人たちと交流を持つことを大事にしています。日頃、電話でやりとりをしていた人と初めて顔を合わせるなど、事務的な関わりでは生まれなかった親近感が得られることで、その後の業務のやりとりがスムーズになります。またアクティビティから学ぶ体験型の研修は五感に響くため、さらに受講者間の心理的距離を縮め、より強い一体感をもたらします。

年間研修計画は、昇進昇格のタイミングや事業の繁忙時期を勘案して作成します。具体的には研修コースの⑴目的・ねらい、⑵参加対象者・参加予定人数、⑶実施時期、内容、方法、場所、予算、⑷講師 を決定しますが、特に講師は研修の成果に大きく影響するため、専門性や参加対象者との相性などから総合的に判断します。研修事務局の意図を重視する講師もいれば、受講者によるアンケート評価を重視する講師もいます。「研修事務局の意図を重視する講師」が必ずしもアンケート評価が高いとは限りませんから、講師の選定にあたっては、どんな基準で講師を評価するかを決めておきます。講師には、研修前に何を期待しているかを伝えておくことで、講師の研修時の振る舞いが変わり、同じ研修でも参加者の受け取り方が違ってきます。

「D：開発」は、社内に教育研修の担当部署がある場合は教材の開発から講師まで一貫して行うことができますが、部署がなく担当者が対応できない場合は専門会社に依頼することになります。研修コースの開発にあたっては、現場から「研修を受講したにもかかわらず、部下の行動が変わっていない、研修が良くないから変わらないのではないか」といった指摘を受けることがあります。そうならないように、研修の責任範囲を前もって明確にしておきます。行動変容は、「知る」→「わかる」→（行動を繰り返す）→「できる」→（習慣化）の段階を経るため、例えば、「知る」から「わかる」までを研修の責任範囲とし、（行動を繰り返す）から（習慣化）までをOJTの責任範囲とするなど、上司との連携を前提に開発を行います。もし上司が「部下育成は研修で行うもの」という認識であれば、上司の部下育成への意識改革も必要になります。このように「開発」は、教材の開発だけでなく、あらかじめ研修のゴールをどこにおき、どのように上司に引き継ぐのか、また研修をどのように評価するのかを決めておくことが大事です。また受講者レベルにバラツキがあると想定される場合には、研修前にできるだけ揃えるように事前学習を用意します。

研修コンテンツは学習定着率（学習内容を学習者がどの程度覚えているか）を高めるために、ガニェの9教授事象を取り入れて作成します。ガニェの9教授事象とは、学習心理学者のロバート・M・ガニェが提唱した学習支援モデルで、人が新しい知識や技術を習得するにあたって、9つの働きかけが有効であるとしています。これらの働きかけを研修に取り入れることで、学習定着率を上げることができます。

ちなみに9教授事象は、左図のように、導入・情報提示・学習活動・まとめの4つの段階に分けられます。各々がイメージできるようにマナー（電話応対）研修を例に挙げました（図30）。

さらに学習定着率を高めるには、いくつかの手法を組み合わせます。図31は、アメリカ国立訓練研究所が提唱するラーニングピラミッドという学習モデルで、学習方法とその半年後の定着率を表しています。半年後の定着率については実証されているわけではありませんが、「講義」から「デモンストレーションを見る」というインプット方式だけでは、学習定着率には限界があることが想像できます。グループ討議や体験型のカリキュラムといった、受講者が主体的に取り組める工夫を加えることで、定着率を高めます。

図30 ガニェの9教授事象

9教授事象	段階	具体例：マナー研修
導入 新しい学習への準備を整える	1. 学習者の注意を喚起する	電話応対のありがちな失敗談（笑える失敗談）からスタートする
	2. 授業の目標を知らせる	「社会人に相応しい電話応対ができるようになる」ことが目標であることを伝える
	3. 前提条件を思い出させる	電話応対と関連のある「敬語の使い方」を思い出せるように、クイズを出す等、ウォーミングアップする
情報提示 新しいことに触れる	4. 新しい事項を提示する	電話応対の資料を配布する、PPTを用いて講義する
	5. 学習の指針を与える	電話応対のビデオ教材を用いて、手本となる電話応対と自分たちの電話応対との違いに着目させ、改善のポイントを考えさせる
学習活動 自分のものにする	6. 練習の機会をつくる	様々なシチュエーションでの電話応対について考えさせ、3人1組（掛け手と受け手、フィードバック役）で交代しながら、繰り返し練習させる
	7. フィードバックを与える	フィードバック役は掛け手と受け手に、きちんと電話が掛けられているか、受け答えできているかを伝える
まとめ 出来具合を確かめ、忘れないようにする	8. 学習の成果を評価する	電話応対チェックリストを用いて、実技テストを行い、採点する
	9. 保持と転移を高める	本研修での学びを整理させ、どのように仕事に活かすかを考えさせる

図31　ラーニングピラミッド

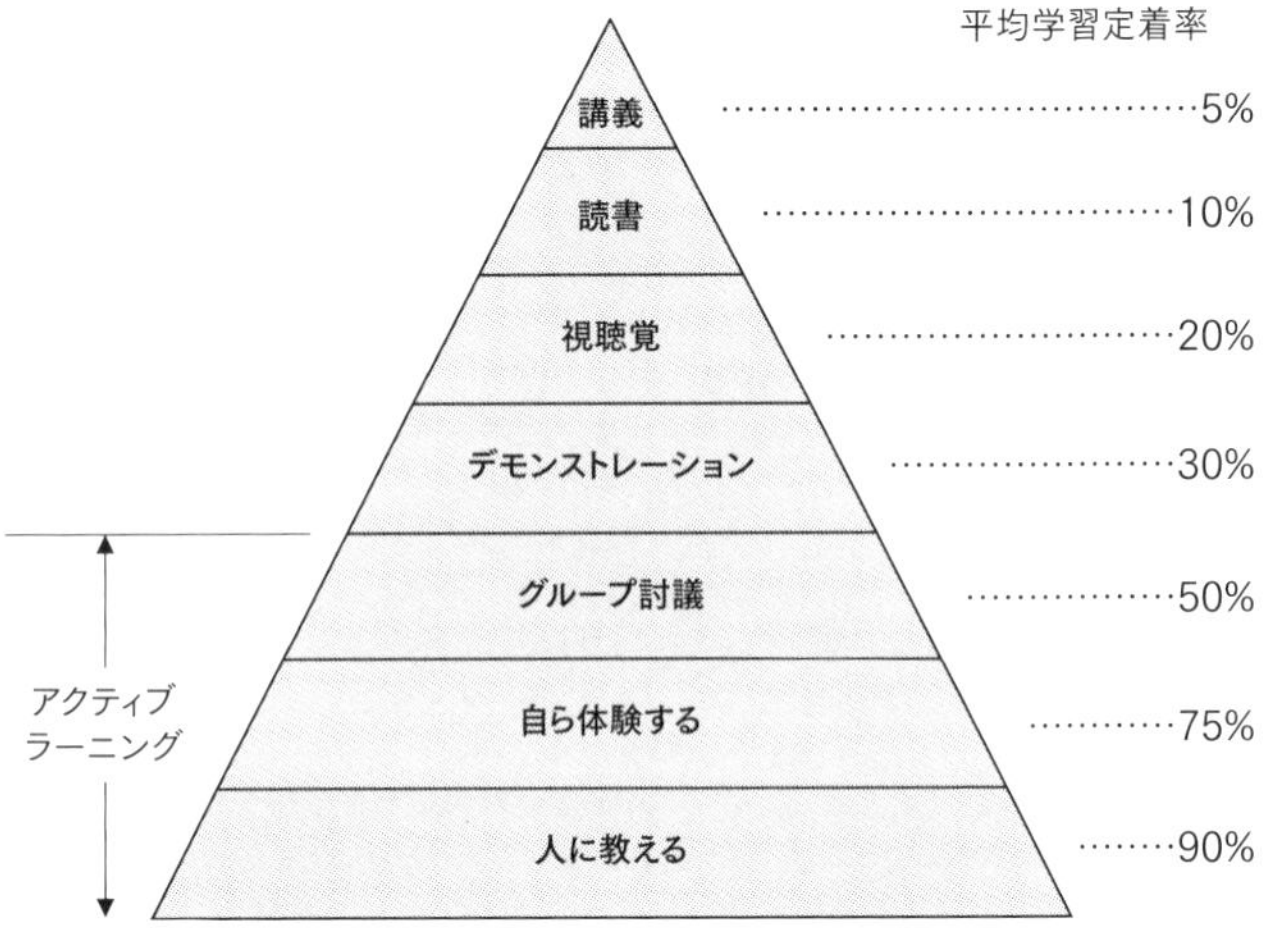

研修コンテンツの作成は、研修設計シートを作るところから始めます。全体を俯瞰し、大まかにプログラムを決めてから詳細な部分を詰めていき、研修イメージが固まったタイミングで研修コンテンツを作り込んでいきます。次頁は、問題解決をテーマにした、研修設計シートの一部になります（図32）。

◉VRを活用した研修

VRとは、「Virtual Reality（バーチャルリアリティ）」の略です。VRを活用した研修は、仮想現実ではあるものの、「限りなく実体験に近い体験が得られる」ことから、言葉で表現することが難しい、パワハラやセクハラ、

図32　研修設計シート（問題解決研修）

研修設計シート			
研修名	問題解決研修	検討日	20XX　年　○月　△日
目的・目標	社内の共通言語である「問題解決スキル」を理解し、ディスカッションや提案資料づくりに活用できるようになること （自分の考えを論理的に組み立てることで、相手にわかりやすく伝えられるようになること） ・問題を正しく設定できる ・問題の種類に合わせて、問題解決のステップを正しく選択できる ・問題解決のステップに沿って、実際の業務上の問題を解決策にまで導くことができる		
成果物	「問題解決シート」（受講者の業務を実事例に、業務上の問題から解決策に至る思考のプロセスを記載したシート）		

項目	内容	形式	受講者の状態/アウトプット	資料	時間(目安)
1. イントロダクション	■研修の目的・目標の共有 ■ロジカルシンキングの振り返り ・ロジカルに考えるとは ・MECE/So-What Why-So	GW CD	●本研修の効用を理解し、学びの姿勢ができている ・思考のトレーニングは、発言、言語化することで学びが深まるものであると認識している ●ロジカルシンキングの基本（MECE/So-What Why-So）を理解し、使いこなせている	・自社研修体系 ・演習:MECE ・演習:フェルミ推定	9:00-10:30 (90min)
2. 問題解決の基本ステップ	■1st Step:悩みを「問題」に変換する ・「原状回復型の悩み」と「創造思考型の悩み」 ・「問題」=「あるべき姿(目標)」-「現状」 ・「発生型の問題」と「設定型の問題」 ・「発生型の問題」の解決ステップ ・「設定型の問題」の解決ステップ	GW 個W PW	●自分の業務上の悩みが「原状回復型」と「創造思考型」のどちらであるかが判断できる ●「問題」は「あるべき姿」と「現状」とのギャップであることを押さえたうえで、ギャップとしてきちんと表現できる ●「問題」には「発生型の問題」と「設定型の問題」があり、問題解決のステップが異なることがわかる	・演習:ABCスーパー ・各自の業務	10:45-12:15 (90min)

個人W：個人ワーク／PW：ペアワーク／GW：グループワーク／GD：グループディスカッション／CD：クラスディスカッション

安全教育などに用いられています。一人称の体験ができ、作業者の目線で作業工程を観察できるため、職人技といった「技術伝承」のツールとしても活用されています。

今後、技術の進歩によって、ＶＲを活用した研修は増えてくると思われます。

「Ｉ：実施」は、研修前、研修中、研修直後に分けられます。研修前には、上司に部下と会話の時間をとってもらい、研修の意義付けをした上で送り出してもらいます。また職場に戻った際には、得た学びを試すことのできる機会を用意してもらうようにし、「知る」→「わかる」→（行動を繰り返す）→「できる」→（習慣化）のサイクルが回るようにします。

研修中はプロジェクターやポインタといった機器の不具合やマーカーのインクのかすれ、空調など、受講者が快適に研修に打ち込めるような環境づくりを心がけます。また研修を評価し、研修コンテンツの修正やファシリテートの改善を図るために、実施中のデータ（ホワイトボードや模造紙など）を写真に残しておきます。研修直後にはアンケートを実施し、受講後の反応を確認します。アンケートの結果はいろんな要素に影響を受けるため、受講者だけではなく、講師からもアンケートをとり、場合によっては個別にヒアリングするなど、複

図33　アンケート結果の3つのパターン

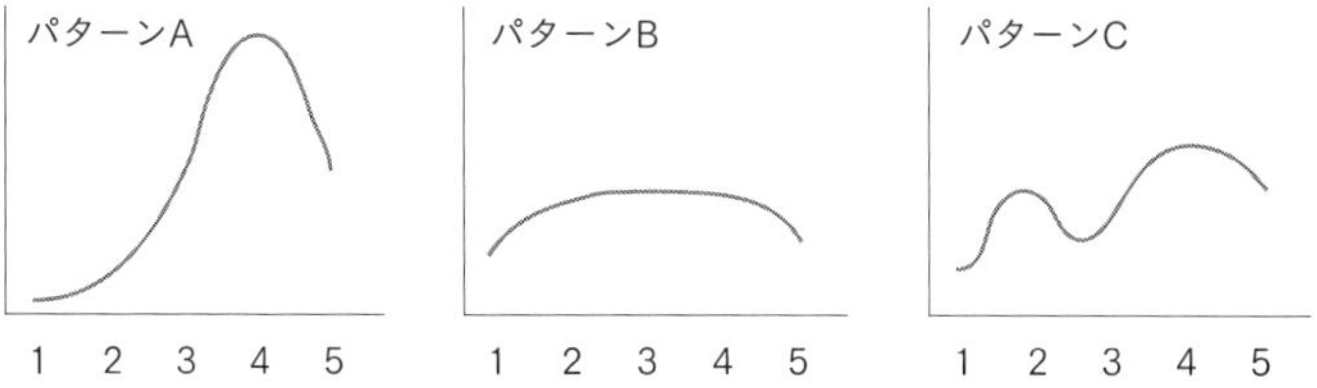

数の方法で情報収集します。

研修での気づきを行動変容に繋げるには、受講者本人が研修内容に納得することが大事です。そのため、アンケートは満足度ではなく納得度を中心に確認します。ちなみにアンケートの集計結果は次図のような3つのパターンで分類されます（図33）。

パターンAは受講者の納得度が高く、研修内容が受講者にフィットしていたことがわかります。パターンBは納得度にバラツキがあることから、研修内容に問題がないかをヒアリングにより確認します。パターンCは納得度が二つに分かれていることから、研修内容に納得している受講者とそうでない受講者がいます。そうでない受講者とは「研修内容はわかったが、自分の考えとは違う」という受講者です。このような波形は戦略や戦術のような考え方を落とし込む研修に多く見られます。この場合、研修の納得感というよりもむしろ戦略や戦術そのものの納得感の結果と考えるのが妥当ですので、研修内容を大幅に変えることなく個別に対応します。
受講者から、「研修の時は職場でやってみようと思うけれど、次の日、職場に戻ると、いつもの日常に戻ってしまい、職場で試そうとしていたことさえ、忘れてしまっている」と言われることがあります。「鉄は熱いうちに打て」という言葉があるように、職場に戻ったら、研修で学んできた内容を上司やメンバーに報告させたり、事後課題に取り組ませたり、現場実践の状況報告を義務付けたりするなど、現場の忙しさに忙殺されてしまわないように、継続的に意識付けを行うことが大事です。

スーパーメモ

忘れつつあるタイミングで、思い出す作業を行うことで、長く記憶に留めることができます。この記憶のプログラムは、ポーランドの研究者ピョトル・ヴォジニャクにより考案されました。このモデルに基づくと、何かを学んだ後の復習は、1日後、10日後、30日後、60日後の間隔で行うのが理想です。研修終了後に、受講者へ行動変容を促す際も、これらのタイミング

図34　行動変容を促すタイミング

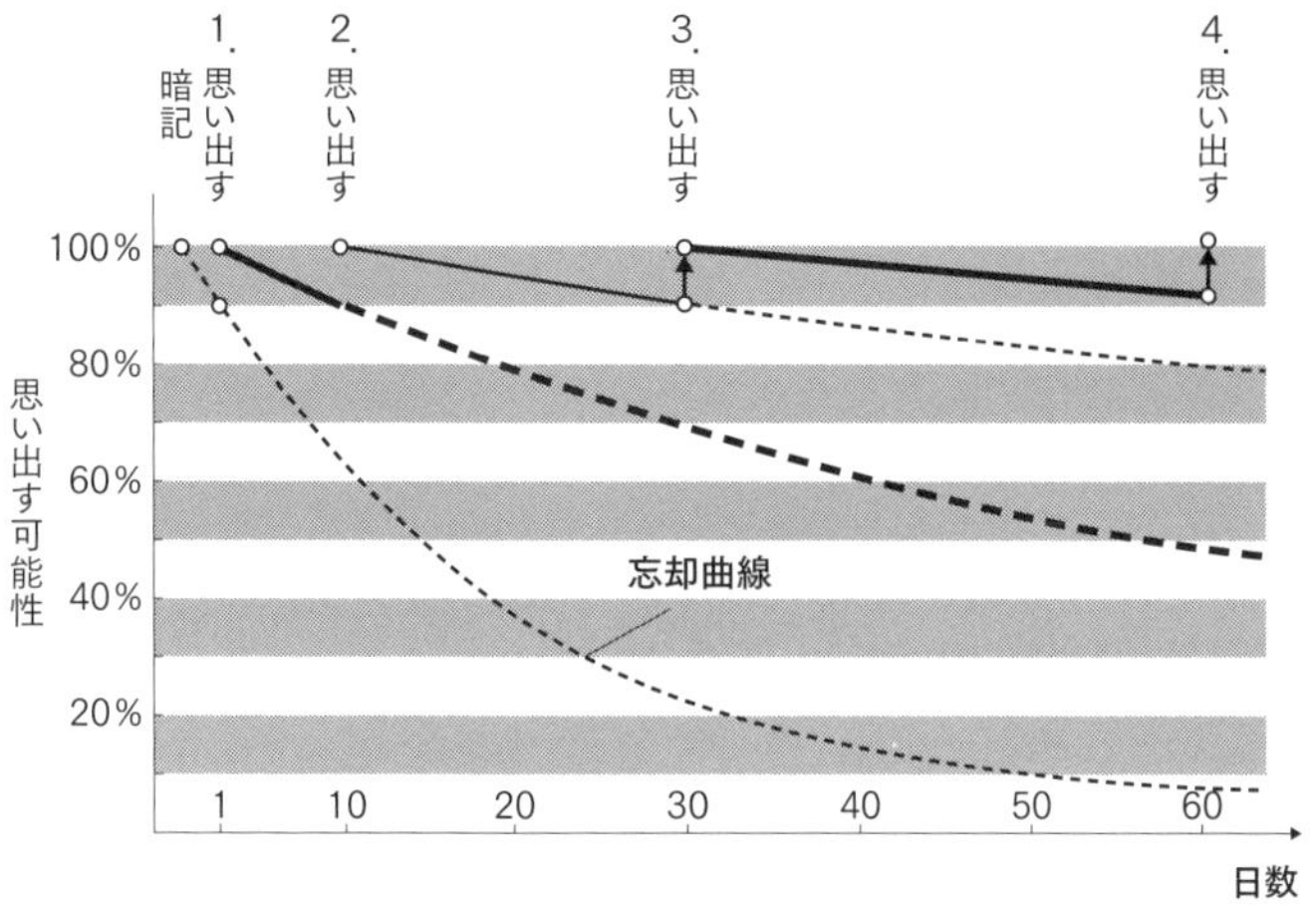

出所：人生を決断できるフレームワーク思考法

で行うことが効果的だと考えます（図34）。

◉行動変容までの期間

教育の最終目標は習慣化です。習慣化にかかる期間は、学習内容によって異なっていて、行動に関わる習慣化は約1ヶ月、思考に関わる習慣化は約6ヶ月と言われています。行動に関わるというのは、ウォーキングをする、勉強する、日記をつける、読書をするなどで、毎日のルーティンにしていくことで、約1ヶ月後にはやるのが当たり前の状態になっていることです。思考に関わるというのは、物事を俯瞰的に見る、論理的に考えるなど、これまでの思考に変化を与えていくため、行動となって現れるのに時間がかかります。

「E：評価」は、カークパトリックの4段階評価モデルを参考にします。この評価モデルは、ドナルド・カークパトリックが開発したもので、研修効果を測定するモデルとして、最も有名なものです。

Level1は「Reaction」で、受講後の反応を表します。この研修を受講してよかったか、意味のある研修だったかをアンケートやヒアリングにより評価します。この評価方法は、最もやり易く、一番多く使われている方法です。

Level2は「Learning」で、受講後の学びを表します。受講後に物事の捉え方や考え方が実際に変わったか、あるいは知識やスキルを習得できたかをテストや実技の結果で判断します。

Level3は「Behavior」で、受講後の行動変化を表します。レベル2の学びを仕事に活かしているか、受講者の変化を自己評価と合わせて他者にも評価してもらいます。この場合の他者とは、受講者の上司や同僚になります。営業研修であれば、営業担当者の行動変化は、上司やトレーナーが教育同行することで確認する、あるいは顧客満足度調査を行うなどして、お客様に直接、評価してもらうやり方があります。研修終了後3ヶ月から6ヶ月間を行動変容の期間とし、そのあとに評価を行います。

Level 4は「Business Results」で、受講後の行動変化がビジネスにどの程度のインパクトを与えたかを表します。生産コストの削減にどの程度つながったか、新商品の提案数がどの程度増えたか、顧客満足度がどの程度向上したかなどを測定して評価します。その際、研修とは関係のない要素（外的要因など）は除外しておかなければなりません。

すべての教育研修をLevel 4まで評価するわけではありません。Level 3やLevel 4は研修以外の外的要因が大きく影響しますから、教育研修の問題点を抽出するのであればLevel 1まで、再教育のために新たに研修を設計するのであればLevel 2までのように、どのLevelまで評価するかは「研修コースの開発」の時点で前もって決めておきます。

6　人材アセスメント

人の資質や能力を測定することを人材アセスメントと言います。人材アセスメントの結果は主に昇進・昇格の参考資料として用いられます。

アセスメントには、いろいろな種類がありますが、ここでは代表的なインタビューアセスメント、360度評価、アセスメントセンターの違いを整理します。この3種類の違いは時間軸が大きく異なる点です。

インタビューアセスメントの時間軸は「過去から現在」です。特徴は、これまでの経歴や思考の深さを確認することで、次の職務が担えるかを予測します。企業特有の環境要因に合わせてアセスメントができますが、過去から現在が優秀でも、未来（異なる職務）で優秀とは限りません。

360度評価の時間軸は「現在」です。特徴は、現在のパフォーマンスを確認することで、次の職務が担えるかを予測します。この方法では職場での行動や他者からどう見られているかの現状はわかりますが、未来の判断要素が少なく、次の職務への準備ができているかまで

図35　アセスメント手法の精度

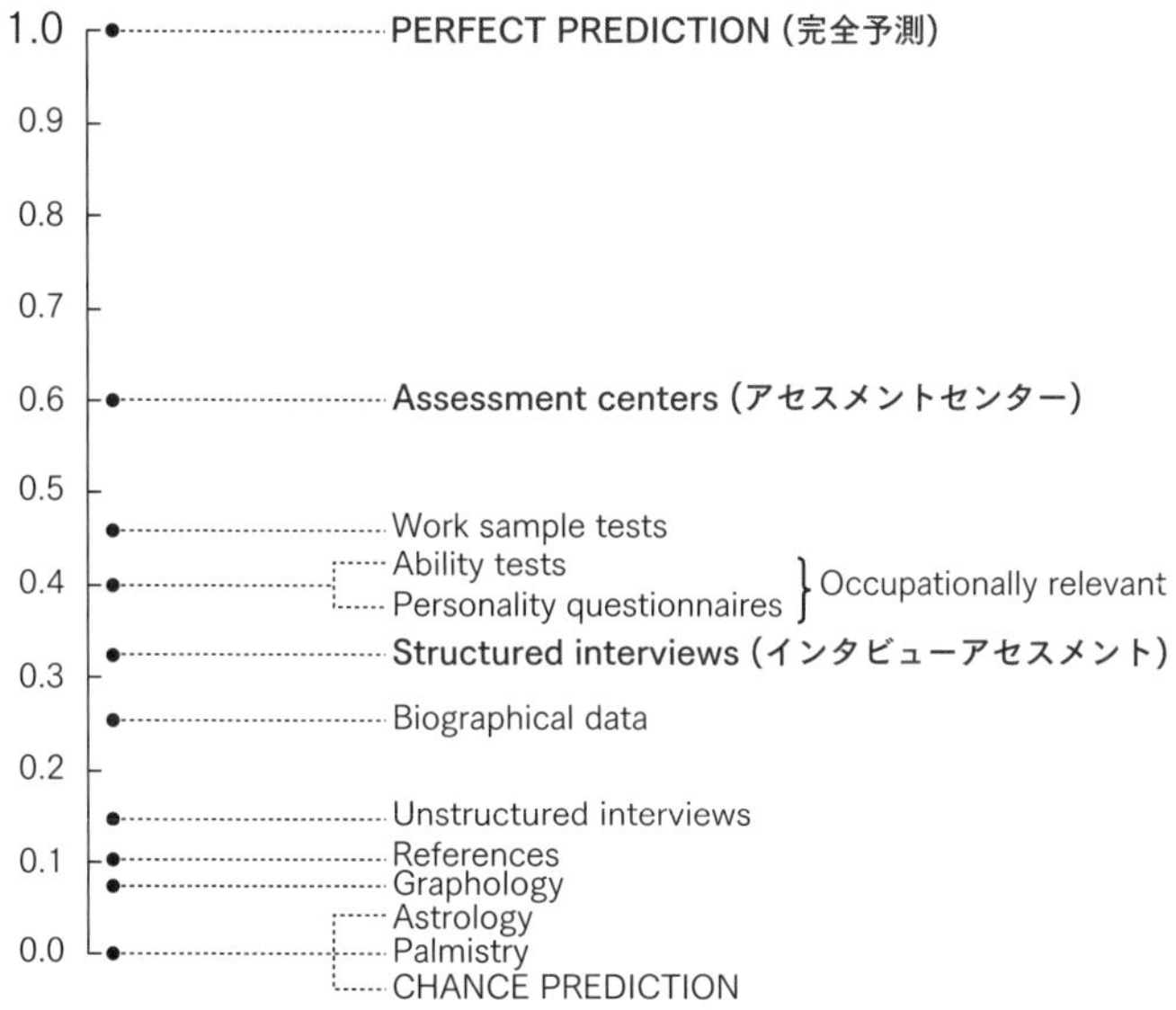

出所：The People Advantage：Improving Results Through Better Selection and Performance

は判断できません。また評価結果は担当している仕事内容など環境要因に影響を受けやすくなります。

アセスメントセンターの時間軸は「未来」です。

次の職務を想定した課題（演習）に取り組ませ、パフォーマンスを確認することで、次の職務が担えるかを予測します。思考と行動が次の職務を担えるレベルに達しているかを直接的に観察できますが、課題（演習）の仮想設定が、自社の現実と乖離しているだけでなく、専門能力が除かれた状態で評価されるため、評価される側の納得感に課題があります。ちなみに、どのアセスメント手法も、その人を完璧に評価することはできません。最も精度の高いアセスメントセンターでも60％程度の予測ですから、どれか一つのアセスメントで適性を判断することはせず、複数のアセスメントを組み合わせるようにします（図35）。

7　経営幹部の候補者育成

事業の維持・拡大には、その企業のＤＮＡを継いだビジネスリーダーを、世代ごとに切れ目なく、供給していくことが必要になります。

経営幹部の候補者育成は人選が特に重要ですが、社長を含む経営幹部との会議では、「いつも同じ人の名前が挙がってきて、代わり映えがしない」といった意見がよく出てきます。幹部候補者は組織のあらゆる部門に存在していたとしても、稼ぎ頭の事業であるかなど、事業の強弱関係や仕事の特性から、無意識に特定部署から人材を探しがちです。他の人材を見落としている可能性があるため、偏りのないように全体に網をかけることが大事です。

加えて、人を評価する視点はそれぞれ異なるため、候補者の決定に際して、様々な意見が出てきます。A氏、B氏の良いところ、足りないところをいくら意見交換してもどちらを選択するかを決めることは困難です。互いに意見を主張しても意見はまとまらず、最終的に、社長の「人を見る目」に委ねることになります。仮に、社長の「人を見る目」が正しかったとしても、人選に関与した経営幹部の納得感には必ずしもつながらず、「社長が言ったから……」と育成へのコミットはどうしても弱まってしまいます。このようなことを避けるために、候補者の選定は、主観を極力排除し、客観的な指標に基づいて決定する仕組みにします。具体的には、最適配置と同様に物差しづくりから始め、重要ポジションごとに、求める資質・能力を見える化した上で、複数の候補者と比較し決定できるようにします。人材の見落としがないように、社員の適性に関する情報を昇進・昇格やキャリア教育のタイミングで意図的に収集する機会を設け、蓄積しておくことで定量的に人物評価ができるようになります。

経営幹部の候補者育成は、重要なポストを担う人材が今後起こるであろう環境変化により、どんな課題に直面するだろうか、それを乗り越えるには、どのような経験やスキルを習得することが必要なのか、そのような人材を育成するには、自社のどの組織で経験を積ませるのが適当なのか（なければ組織をつくるべきか）、誰から学ばせるのがよいかを育成計画として落とし込むところから始まります。このように、あるポストや職務に就くために必要な経験やスキルを身につける道筋のことをキャリア・パスと言います。経営幹部の候補者育成は企業の将来を担う人材であり、事業継続の観点からもキャリア・パスを整備することは重要です。

成長に必要な経験（図36）

一橋大学院商学研究科日本企業研究センターは「大企業の事業部長クラスについての研究」の中で、今の仕事を効果的に遂行するうえで役に立っている経験について、ヒアリングを行い、その結果をまとめています。最も役立った経験は、「小規模事業の経営」で、全体的に能力が開発されていることがわかります。

図36　役に立っている経験

経験の内容	獲得された能力											能力を通じた平均
	組織を背負う責任感	困難な状況で判断する力	総合的な経営判断をする力	大きなビジョンを描く力	変革マインド	他人を活かして事業を推進する力	バイタリティや精神的・肉体的タフさ	リーダーとしての価値観	グローバルな視野や考え方	マネジメントの原理・原則	業務に関する専門知識やノウハウ	
小規模事業の経営	4.7	4.4	4.4	4.2	4.2	4.4	4.1	4.5	4.1	4.2	3.8	4.3
新規事業の立ち上げ	4.2	4.4	3.8	3.9	3.9	4.2	4.4	4.0	3.8	3.7	4.2	4.0
他部門への異動	4.2	4.0	4.0	3.8	4.1	4.1	4.0	4.1	3.6	3.8	3.9	4.0
部門の No.2 としての配属	4.0	3.8	4.3	4.1	4.1	3.9	3.8	4.0	4.0	4.0	3.6	4.0
海外勤務	4.0	4.2	3.7	3.7	3.8	3.8	4.3	3.8	4.3	3.6	3.9	3.9
プロジェクトへの参画	4.0	4.2	3.4	3.7	3.8	3.9	4.2	4.0	3.4	3.6	3.9	3.8
最初の管理職	3.8	4.1	3.1	3.2	3.7	3.8	4.3	3.7	3.3	3.3	4.2	3.7
入社初期の配属・異動	3.2	3.9	2.5	2.6	3.3	3.3	4.3	3.1	2.8	2.8	4.4	3.3
経験を通じた平均	4.1	4.2	3.6	3.6	3.9	3.9	4.2	4.0	3.6	3.7	4.0	3.9

注）数字は平均値　5：非常に多くを習得、4：多くを習得、3：ある程度習得、2：ほとんど習得せず、1：まったく習得せず

経営の意思決定を学ぶ

経営幹部候補者の教育には、経営リテラシーを学ぶ、他社の経営幹部候補者と他流試合をする、アクションラーニングを通してリーダーシップを強化するなどがあります。

経営者に「経営者のもっとも重要な仕事を一つ挙げてください」と質問したなら、「意思決定」という答えが返ってくるでしょう。意思決定のスキルは、自ずと身に付くというものではないため、計画的に学ばせるこ

とが重要です。しかしながら、上記の方法で学習することは難しく、ケーススタディによって意思決定を学ぶ方法もありますが、この方法では自社の意思決定を学ぶことはできません。ケーススタディで取り扱うケース教材は、自社の業界や業種とは異なりますし、当然、時代背景も異なります。それに加えて、経営の意思決定は、過去から受け継がれてきた会社の価値観に基づいて行われるため、経営の意思決定を学ぶことは、その会社のＤＮＡを学ぶことでもあります。

会社の価値観として最もわかりやすいのが、「顧客」「株主」「社員」の優先順位です。「顧客」＞「株主」＞「社員」という企業もあれば、「社員」＞「顧客」＞「株主」という企業もあります。当然、どの価値基準を選択するかによって、意思決定は異なります。変革にあたって、「変えること」と「変えてはいけないこと」は何なのかという〝問い〟がありますが、ビジネスを考えると、環境変化に適応していくことが最も重要であり、環境変化に適応していくためであれば、「変えてはいけないこと」というものは存在しません。もし「変えてはいけないこと」あるいは「変えたくないこと」があるのであれば、それが会社のＤＮＡであり、その会社の判断基準の一つになります。

自社の意思決定を学ぶには、実際に仕事の場面で経営の意思決定に触れることが理想ですが、誰もがそのような場面を経験できるわけではありません。また失敗は許されないことから、今の経営陣が意思決定するため、決定に至ったすべての情報と決定に至るまでの思考回路はすべて開示されることはなく、経営の意思決定を学ぶには限界があります。

◉過去事例から経営の意思決定を学ぶ

現在進行形のビジネスにおいて、経営の意思決定を学ぶことは難しいですが、過去の意思決定であれば学ぶことが可能です。当時は開示できなかった情報であっても、今であれば開示することができます。

経営の仕事は、変化の兆しを捉え、未来を予測し、先手を打つことです。

過去の意思決定の事例を紐解くことで、自社の意思決定を学ぶことができます。経営者は企業経営に影響を及ぼす社内外の情報をどのような手段で得たのか、それらの情報からどう未来を予見し、変化の必要性を判断したのか、変化の方向性を定めるときに、どのような影響が社内外に生じると想像したのか、それでも変化することを意思決定したのはなぜかについて、当時の資料を整理・分析し、関係者へヒアリングすることで、過去の意思決定を見える化していきます。この過程により、ビジネスの要諦・勘所・自社の判断軸を学んでいきます。もし自分であればどうしただろうかと自問自答したり、当時の判断は結果的に正しかったかを評価したりすることで、さらに自社の意思決定について理解を深めていきます。仮に当時の判断が間違いであったなら、どの情報が取れていなかったから判断を間違えたのか、意思決定にあたって認知バイアスがかかっていなかったかなど、何が意思決定に影響するのかを見つけ出すことも学びになります。

Ⅶ 組織活性化

1 組織活性化とは

「社会心理学の父」と呼ばれるクルト・レヴィンは「B＝f（P、E）」という理論を提唱しました。BはBehavior（行動）、PはPerson（個人）、EはEnvironment（環境）を表し、行動（B）は、個人（P）と環境（E）の相互作用によって決定されるという考えです。人の行動（B）は、同じ人間（P）でも環境（E）が異なれば、別の行動をとることを意味します。個人の行動は、環境（組織の状態）によって、マイナスにもなればプラスにもなるため、好ましい方向に導くには環境づくりが大事になります。そのため組織の活性化は企業にとって重要なテーマです。

本書での組織活性化の目的は、創造性が生まれる組織をつくり、変革を成功に導くことです。

近年、多くの産業が成熟し、企業は差別化や囲い込みによって顧客を獲得するようになりました。製品のコモディティ化は早く、企業は、新製品をより短期間で市場に投入すると同時に営業利益を最大化するための標準化に取り組むことになります。一方で、顧客は高品質と低価格の両方を求めており、企業は創造性と生産性の同時実現をいかに果たしていくかという難題に取り組まざるを得なくなりました。

一般的に、事業再編を行い、組織のダウンサイジングを行えば、ムダを排除することができ、生産性を高めることができますが、それでは創造性は高まらず、新しいモノは生まれません。

アイデアは、一人、机上で頭をフル回転させれば出てくるものではなく、いろいろな情報を収集していく過程や他者との会話の中からヒントを得て生まれてくるなど、一見、ムダと

図37　モラールとモチベーション（再掲）

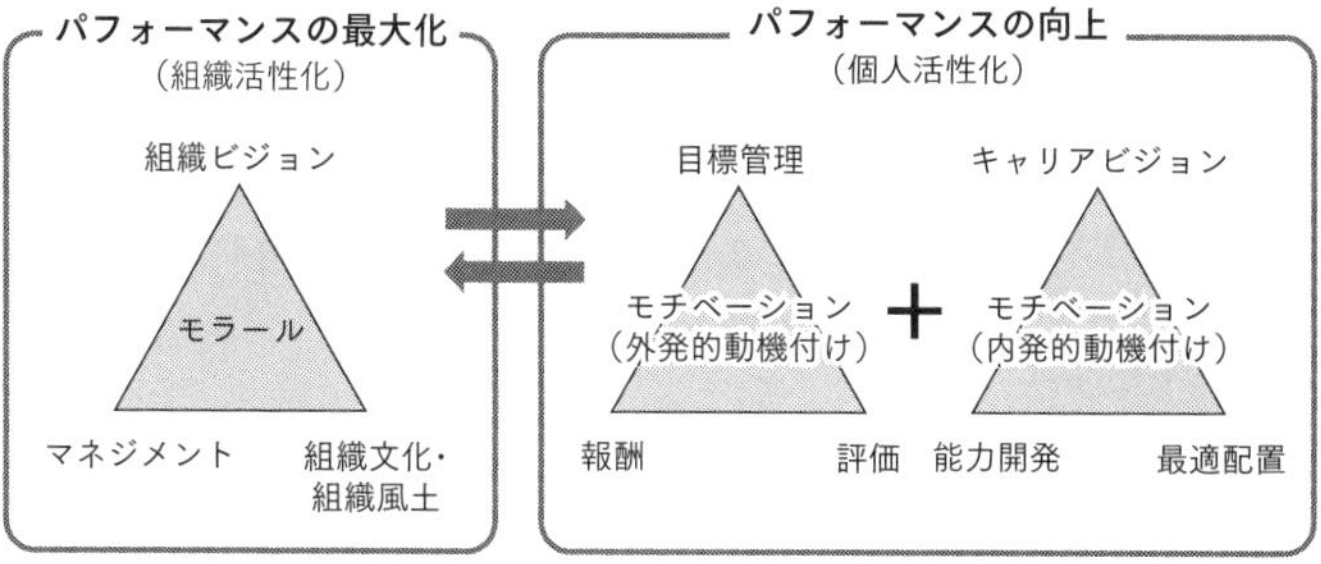

思える中から生まれてきます。生産性だけを求めても企業の持続的な成長は叶いませんから、創造性が生まれる組織をいかにつくり出していけるかが、企業の生き残りには重要です。

創造性が生まれる組織とは、「良好な人間関係をベースに、会社の至る所で対話が行われ、それが問題の発見やアイデアのヒントを得るキッカケとなり、様々なコラボレーションが生まれる組織」です。このような組織からブレイクスルーが起こり、イノベーション（非連続）が生み出されます。

そのためには、個人のモチベーションと組織のモラールが高い状態で維持されていなければなりません（図37）。

2　組織ビジョンの共有

組織のモラールは先述のように、メンバーが納得し共感できる組織ビジョンがあり、それを実現するマネジメントが存在し、個人の力を十分に発揮できる環境（組織文化や組織風土）が整っていることで高い状態を維持できます。

ビジョンという言葉は、企業によって捉え方に違いがあるため、本書ではビジョンを「会社が成長して実現したいこと」と定義します。ビジョンを売上や利益のような定量情報によって表現する企業もありますが、社員からすると、売上・利益が対前年比○％アップ、ROEが○％などの数値目標が下りてきても、なぜ、その目標を達成しなければならないのかという理由まではわかりません。並べられた数字の背景を理解することなく、漠然と「きつい目標だなぁ、どこからそんな目標が出てくるんだ」という、否定的な感情だけが残ります。

魅力的なビジョンは社員の感情に働きかけ、高揚感やわくわく感を生み出します。自分がこの会社で働くことで、世の中の人々に役立つことができるという社会貢献感や会社とともに成長できるという自己成長感が満たされることで、働く意義や組織に所属していることへの満足感を得ることができます。これらはマズローの欲求段階説の高次の欲求階層である「自己実現の欲求」にもつながります。自己実現の欲求とは、他の誰にも成し遂げることができないようなことを、自分が成し遂げたいという欲求や、自分が大事だと思うことに力を注ぎ、自分らしく生きていきたいという欲求を意味します。この会社で頑張ることで、欲求が満たされることがわかれば、組織へのコミットメントは上がり、もっと会社を良くしたいと、ビジョン実現に向けて努力するようになります。またビジョンに共感して共に働く社員に対しても仲間意識が生まれ、組織のモラールも向上します。

しかし、ビジョンは抽象的なメッセージになりやすく、トップの言葉をそのまま組織メンバーに伝えても、その言葉の裏にある意図や思いのようなものまで、正確に伝わることはありません。マネジメント側が、ビジョンをきちんと解釈し、自分なりの言葉に置き換えたうえで、わかりやすく伝えることが大事です。また都度、ビジョンを提示し、意識付けをしていくことでモラールを高く維持することができます。

Peach Aviation

日本初のＬＣＣ航空会社。複数のメディアで、井上社長（当時）が創業期に社員に語った内容について紹介されていました（以下は概略）。

「海外便を往復で1万円以内に抑えたら、もっと国際交流が活発になるよね、そうなれば、国同士、お互いを知る機会が増えるよね、これは未来を背負う若者たちのためになると思うんだ。もし航空運賃が新幹線料金の半分になれば、お爺ちゃんが孫に会える機会が増えるかもしれない、これまで半年に1回しか会えなかったのが3ヶ月に1回は会えるようになるよね。笑顔が倍になるんだよ。もし飛行機が電車みたいになれば、飛行機に乗ったことがないお年寄りも乗ってくれるかもしれない。空へ飛び立つことの感動を味わってくれるかもしれない。

この夢のために、みんなにお願いがあるんだ。客室乗務員であってもトイレ掃除をしてほしい、机やイスはもうしわけないが中古で我慢してほしい、エレベーターもできるだけ乗らないようにしてほしい、それといっぱいアイデアを出してほしい、もしうまくいかなくても安全運行以外の失敗であれば問題ないからさ」

組織ビジョンは創造性だけでなく生産性にも良い影響をもたらします。企業は生産性を上

げるために自動化やアウトソーシングに取り組み、空いた時間を創造的な仕事に当てていくことが大事ですが、創造的な仕事がイメージできないことで部下に新たな仕事を与えられず、自動化やアウトソーシングに踏み込めない企業があります。創造性と生産性は各々が独立しているように見えますが、創造性の追求が進まないために生産性が向上しないことがあります。上司の「生産性を向上させる＝部下の仕事を奪う＝部下との関係性が悪化する（これに部下が可哀想という感情も加わります）」という思考によって現状維持を選択してしまうことが原因です。このような状態に陥ると組織は停滞します。組織ビジョンをキッカケに創造的な仕事がイメージできるようになると、生産性の向上も進みます。

3　マネジメント

日々の単純業務がＩＴに置き換わることで、創造的な仕事に時間をかけられるようになりました。創造的な仕事とは、ビジョン実現に向けて、新たな課題に挑戦する仕事のことを言います。単純業務と比較して難易度が高く、なかなか思うように進捗しないことからストレスを感じることも多いですが、創造的な仕事をキッカケに複数の社員と連携したり、協働したりして成果を上げることができれば、組織活性化に良い影響をもたらします。

①1on1ミーティングの実践

組織の活性化は、組織長と各メンバーとの間に信頼関係のベースが築けていることが前提です。信頼関係が構築されていないと、会話をする際に緊張感が高まり、部下は身構えてしまいます。例えば、上司に呼び出されたとすると、部下は、「上司は私に、何か面倒なことをやらせようとしているのではないか」と想像を膨らまし、その警戒心から「騙されないぞ」という自己防衛が発動します。このような心情で会話を始めてしまうと、誤解が生じやすくなり、上司への不信感から建設的な話にはなりません。仕事の話を進めるには、不信感を取り除き、緊張感を下げることが必要になります。そのために、上司はお互いの関係性を良くすることに力を注ぐ必要があります。関係性を良くするには、メンバーに関心をもって、接点（話の頻度や時間）を増やし、メンバーが上司との会話にメリットを感じるような話の内容を心がけます。そのためにはメンバーのことを知ることが大事になりますから、話を

「聴く」という行為が自ずと増えることになります。

ギャラップ社の調査では、仕事への熱意を失う最も危険性の高い要因として、「上司が、部下である自分にまったく関心を持っていない」と感じることであり、そのチームメンバーの40％以上は、職場に対して強い不満を持っていると報告しています。

１on１は、通常の面談とは異なり、不信感を取り除き、緊張感を下げること、つまり信頼関係をつくることが目的です。仕事の話はしないというルールをつくっている会社もありますが、十分に信頼関係がつくれていれば、仕事の話でも問題はありません。メンバーによって会話のメリットは異なりますから、会話の内容も相手に合わせて変えるようにします。

②ストレスの軽減

仕事のストレスは疲労感を増大させます。嫌なことが幾度となく頭の中で繰り返され、頭にこびりついて離れないことを「反芻思考」と呼びますが、反芻思考は心や体に悪影響を及ぼし、生産性の低下や事故につながります。疲労感が持続することで、メンバーの一人にメンタル不調が起きてしまうと、そのメンバーは離脱せざるを得なくなり、残ったメンバーの仕事の負荷は大きくなります。当然ながら新たな課題に挑戦することは叶わず、通常業務を回すだけで精一杯になり、組織活性化とは程遠い状況になってしまいます。ストレスは仕事内容に関するものと、職場の人間関係に関するものがありますがストレスチェックを定期的に行うなど、状況把握を怠らないようにし、何かしらの兆候が見られたら、すぐに対処します。

またストレスを感じた時に、そのストレスと上手に向き合うためのストレスコーピングをメンバー自身が学ぶことも大事です。メンバーのストレス軽減に取り組むことは、信頼関係の構築とともに組織活性化の土台づくりと言えます。

◉仕事の要求度・コントロールモデル

仕事の要求度・コントロールモデルは、仕事とストレスの関係性を示したモデルで、スウェーデンの心理学者であるカラセックによって提唱されました。

私たちは「仕事が忙しいほど、ストレスが溜まる」とか「責任が増すほど、ストレスが溜まる」と思いがちですが、必ずしもそうではありません。

もちろん「仕事の要求度（仕事量や責任など）」が高ければ緊張状態になります。この状態で、仕事の自由度や裁量権が与えられないと、仕事のコントロールは難しく、ストレスレベルはさらに高くなります。

一方で、ストレスは全くなければよいというものではありません。適度なストレスは努力を生み、生産性を上げることが知られています（ヤーキーズ・ドットソンの法則）。

もっとも生産性が高いのは、仕事の要求度が高く、同時に仕事のコントロール度も高い場合です。一見、高緊張状態のように思えるかもしれませんが、仕事が忙しくても、自分の裁量で自由に進められることから、ストレスが溜まりにくくなります。また仕事の要求に応えようと、学習意欲が高まっているため、仕事の成果獲得と自己成長を同時に実現できる状態と言えます（※フロー（P91）を参照）。

これらのことから、個人の能力レベルに応じた仕事と、それに見合った裁量を与えることがストレス軽減に重要であることがわかります。

ストレス軽減の対策として、仕事の要求を下げることを選択するのでなく、仕事の要求は変えずに裁量を与えることを選択することで、モチベーションを高めつつ、成長を促すことができます。

◉努力－報酬不均衡モデル

努力－報酬不均衡モデルは、ドイツの社会学者であるジーグリストによって提唱されたモデルで、仕事上の努力に比べて、そこから得られるべき、もしくは得られることが期待される報酬が釣り合わない場合にストレスが生じるという考えです。報酬とは金銭的報酬だけでなく、心理的報酬も含まれます。心理的報酬とは、ほめられる、認められる、尊敬される、といったものです。

もしメンバーが努力と報酬が釣り合わないとストレスを感じていたら、仕事の要求度・コントロールモデルで述べたように、仕事の要求に見合った自由裁量を与えたとしてもストレスは軽減されません。メンバーは自ら努力を減らすことで（頑張らないことで）、ストレスを解消しようとします。このような状態になってしまうと、組織は活性化せず、本来のパフォーマンスは発揮できません。

組織メンバーが仕事に前向きに取り組んでもらえるように、1 on 1を活用するなど、一人ひとりに関心を向けていくことが大事です。

③エンパワーメントの実践

「エンパワーメント（empowerment）」とは、上司の業務権限の一部を部下に付与し、本人の裁量に任せて仕事を行うことを言います。人材育成を目的に行われ、自分で考えて行動する範囲が広がることから、より多くの学びが得られます。エンパワーメントを組織単位で行っていくことで、社員の動きが活発になり、職場の活性化につながります。

エンパワーメントの考え方はトップダウンの経営スタイルからボトムアップの経営スタイルへ移行する際の手段としても効果的です。

トップダウンの場合、全体が見えているのは、ごく一部の人たちです。そのため社員は、上司から指示されたことを、指示されたとおりに、こなしていくしかありません。そのような会社は、しばらくすると指示が180度変わることも珍しくなく、その場合は、これまでの作業をリセットして新たに指示されたことを同じようにこなしていくことになります。トップダウンの企業に長くいると、「組織の意思決定を行うのは経営者の役割である。社員はサラリーマンであり雇われの身なので、経営者の指示に従って行動するものである」と、言われたとおりに仕事をこなすことが当たり前という意識になっています。忍耐力は培われますが、長年の仕事経験からこのような考えに至ってしまった社員からは、何かが生まれることはありません。指示待ちの姿勢が当たり前の組織では会社の至る所で率直で活発な対話は生まれることはなく、組織の活性化は期待できません。

エンパワーメントを実践すると、社員は自ら考えて行動せざるを得なくなります。現状を理解し、問題を発見し、課題を設定し、解決策を決めて、実行するという一連のサイクルを、自分で考えて回すことになります。そのため仕事への向き合い方が変わります。与えられたものをこなすという消極的姿勢からこの仕事は自分の仕事であり、どうにかしてでもやり遂げなければならない仕事であるという積極的な姿勢（オーナーシップ）に変化します。仕事の成功・失敗が『自分ごと』となるため、メンバーは専門知識や能力を自ら高めようと努力するようになり、個人は成長します。

このように社員一人ひとりが自主的に考えて、行動できるようになれば、企業の競争力は自ずと高まります。しかしながら、そう簡単にはうまくいきません。実際に本人に裁量を与えてみると、最初はやる気を出していろんなことに取り組もうとしますが、数日経つと、「やるべきことを決めてほしい」と上司に指示をもらいにきます。これは自らテーマを設定しても、正解がないことによる不安や失敗したときのことを考え、自分に損がないように動くことが染みついているからです。トップダウンの企業は統制を図るために減点型の評価が多く、このような組織では裁量を与えるだけでは組織は活性化することはなく、イノベーションも生まれることはありません。

エンパワーメントの実践にあたっては、メンバーがこれまでのやり方を変えようと提案してきたら、上司は変えることのデメリットを全面に出して反対しないように心がけます。何かを変えることとは、必ずメリットとデメリットがあります。デメリットはイメージしやすいですが、メリットはやってみないとわからない部分もありイメージがしにくいという特性があります。マネジャーがメンバーの提案を否定し始めると、メンバーはマネジャーの顔色をうかがうようになってしまい、結果として何も変わらなくなります。思い切って「変えること」をルールにし、組織文化として定着させていくことが必要かもしれません。

また、何かミスが発生したとしても、失敗を責めないことが大切です。失敗を責めると、新しいことをしようという意欲がなくなります。チャレンジする人を称賛し、それを評価する制度を構築するなど、変革に向けた環境を整備します。会社の変革に対する本気度を社員に示すことができれば、社員の意識は変わっていきます。

マネジャーのマネジメントスタイルを変えることも大事です。仕事のやり方を伝え、部下に丸投げするのではなく、マネジメントスタイルを指示型から支援型にシフトさせることで、エンパワーメントを推進します。支援型とは、マネジャー自らが物事の意思決定をするのではなく、メンバーの意思決定に至った思考が適切かどうかを判断し、正しい意思決定を手助けするマネジメントです。

メンバーが正しく意思決定するには、「いま会社で何が起こっているのか」という情報を漏れなくメンバーに共有することが不可欠です。持っている情報が異なれば、思考プロセスが変わり、意思決定も変わります。エンパワーメントの実践にあたって、マネジャーは情報の開示に気を配らなければなりません。

メンバーが仕事を進める中で、マネジャーが自分に大事な情報を下ろしていないことを知ると、自分は信用されていないと感じ、モチベーションが低下してしまいます。一方で、大事な情報を開示してくれたとメンバーが思うと、自分を信用してくれていると感じ、モチベーションが上がります。また十分な情報を渡すことで、メンバーは正しく現状が認識できるようになり健全な危機意識を持つことができます。これにより仕事の重要性が腹落ちし、責任ある仕事をせずにはいられなくなります。

エンパワーメントはメンバー一人ひとりに行うとは限りません。課題（テーマ）の内容によってはチームを構成し、上司からチームに対して行うこともあります。個々のメンバーの知識やスキル、視点などを持ちよることで、一人で考えるよりも最適な解決のアイデアが見つかる確率が上がり、自分たちが発見した問題の解決策を自分たちで決めることにより、責任感と実行への熱意が生まれます。このような取り組みを通して、社員は本当の意味で自分の会社だと思えるようになり、もっと良い会社にしたいという気持ちから、組織のモラールが高まります。そうなるとメンバーはリスクをとって踏み込んだ発言をするようになり、より本質的な問題を取り上げるようになります。このようにして組織は活性化していきます。

4　組織文化と組織風土

組織を活性化するには、組織の体質を知ることが大事です。体質というのは、組織文化や組織風土といった目に見えないものを指します。

組織文化と組織風土は似たような言葉ですから、社内の雰囲気といった意味合いで混同して使われていることが多いように思います。本書では次のように定義します。

「組織文化」とは、組織が成果を上げるために共有している既知のルールや行動規範のことで、意識的に変えることができ、仕事の進め方に直接影響を与えるものを言います。個人の目標を誰が設定するのか（上司、本人）、ＰＤＣＡのどの部分を重視するのか、意思決定のプロセスはどうなのか（合議、専決）、例えば、ある会社の二つの事業部に、同じ仕組みやツールを導入したとします。一方では「決まったからには実施する」と活用が進み、もう一方ではあれこれ理由をつけて活用が進まない。同じ会社でもこのようなことが起きることがあります。これらは決定事項を徹底させるためのルールをつくることで意識的に変えることができます。

「組織風土」とは、社内で自然発生し定着した暗黙のルールや態度のことであり、職場のコミュニケーションや仕事への取り組み姿勢となって表れます。これらは原因の所在がわからないことが多く、意識的に変えていくことは困難です。例えば、過去の経験から「どうせ言っても聞いてくれない」と考え、不平不満を持ちながらも口には出さず、与えられた仕事以上のことはやらない。このようなことが複数の場所で起こっていたとすると、上司に対して意見を言うことがタブーの組織になり、元気のない組織になります。自分の考えをきちんと発言させるためのルールはつくれませんから意識的に変えていくことは困難です。またチャレンジに失敗して、評価を下げられた経験から「これまでと同じことをそのままやるほうが得である」と考えるようになってしまうと、何年もの間、同じことが繰り返される組織になり、時代に取り残されてしまいます。

組織の問題は、仕事の成果や数値に比べて見えにくく、意識的に目を向けないかぎり、捉えることはできません。原因が組織文化にあるのか、組織風土にあるのかを見極めて対策を立てることが大事です。

学習性無力感

自分がどれだけ努力しても、どうしようもないという経験を積み重ねることで、いつしか

『何をやっても無駄』という教訓のようなものを学習し、無気力になってしまうことを言います。

〝かます〟の実験

〝かます〟を入れた水槽の真ん中にガラスで仕切りをします。ガラスの向こう側に餌を置くと、かますはそれを取ろうとしますが、ガラスにぶつかるだけで当然餌を取ることはできません。それを二度、三度と回を重ねると、かますは鼻先を痛めるだけで餌には届かないことを学び、餌をおいても取りに行こうとしなくなります。その後、真ん中のガラスの仕切りをなくして餌を取れるような状態にしますが、もはや、かますは餌に見向きもしなくなります。

職場の人間関係がよく、社員も意欲的に働いているにもかかわらず、成果が伴わないという企業があるとすれば、組織風土づくりはうまくいっているが、組織文化づくりはうまくいっていないということになります。ただし一見、職場の雰囲気がよくても、相手との関係性が悪くなることを恐れ、表面的な人間関係になっていることがあります。例えば、相手が間違ったことをしていても、知らないふりや、関わらないでおこうという心理が働くのであれば、組織風土づくりもうまくいっていないことになります。このような企業の組織風土は、不適切行為を長期に渡って放置することにつながります。

組織文化づくりは、業績を上げるためのルールや行動規範づくりが目的になり、組織風土づくりは、コミュニケーションを改善することが目的になります。

これらの取り組みは組織の体質改善そのものですから、長期間の取り組みが必要になります。

①心理的安全性

社員の多くが仕事に不満を持ちながら働いています。彼ら彼女らは、「自分一人が何を言っても始まらない」「勇気をもって言うことで他の人に迷惑をかけるかもしれない」「こんなことを言うと上司に嫌われるかもしれない」という思考から、不満を口に出すことはしません。安定を手に入れるために、できるだけ波風を立てないように気を遣います。このことを内向きの志向と言いますが、組織風土を変えるというのは、内向きの志向を外向きに変えることと言い換えることができます。このように捉えると、個人の意識の問題のようになりますが、B＝f（P、E）の理論に当て嵌めて考えると、個人の意識よりも、そうさせてしまう環境に問題があると考える方が妥当です。

特に年功序列の組織や軍隊型の組織のように、年齢の高い方が偉い、役職の高い方が偉いという意識が定着している組織では、目下の者から意見を否定されたり、指摘されたりすることに慣れていません。そのようなことを言われると、まるで自分の人格を否定されているような感覚に陥り、「言い方が気に入らない」とか「〇〇さんに言われたくない」のように、感情的になってしまう人がいます。そのような発言があると、人間関係を壊したくないことから、職場メンバーは自分の意見を言わなくなります。このようなコミュニケーションの問題は、ストレートな表現を避ける日本文化の影響が大きいと思われますが、組織活動にとってマイナスの影響をもたらします。受け止める側の感情に配慮しつつも「会社を良くしていくには、たとえ耳の痛いことであっても意見すべき」と社員が思えるように、組織の心理的安全性を高めていくことが必要です。

ハーバード・ビジネススクールのエドモンドソン教授は、心理的安全性が低い組織においいて、メンバーは4つの不安を感じると述べています。4つの不安とは、「無知だと思われる不安」「無能だと思われる不安」「邪魔だと思われる不安」「ネガティブだと思われる不安」です。

「無知だと思われる不安」があると、メンバーはわからないことを質問・相談できなくなります。それによって、対応が遅れてしまい、大きなミスにつながってしまうことがあります。

「無能だと思われる不安」があると、メンバーはミスを報告せずに隠すようになります。それによって問題が隠蔽されてしまうと、大きなトラブルに発展することがあります。

「邪魔だと思われる不安」があると、メンバーは会議などの場で議論が長引いたり脱線したりすることへの批判を恐れ、自発的な発言をしなくなります。それによって、全員賛成との誤解が生まれ、後で問題が起きることがあります。

「ネガティブだと思われる不安」があると、メンバーは指摘やマイナスの意見を避けるようになります。それによって、事前に回避できたはずの失敗に、後で悩むことになります。

このように心理的安全性の低い組織は、会社にとって大きなリスクになります。

②プロセス・ロスの改善

心理的安全性の高い組織は、コミュニケーションに関わる余計なストレスがありません。例えば「今話しかけても大丈夫かな（失礼にあたらないかな）」「こんなことを聞いてもいいかな（機嫌を悪くされないかな）」などと考えることなく、気軽に相手に聞くことができます。また職場メンバー全員が臆することなく発言・行動できる環境であるため、協同もしやすく、成果につながりやすくなります。

また組織の心理的安全性が高まると、プロセス・ロスの改善がしやすくなります。プロセス・ロスの改善は組織の生産性向上だけでなく、創造的な仕事の時間を捻出するためにも大事な取り組みです。

社会心理学者のスタイナーは、グループで何らかの課題に取り組む際の生産性を予測する概念として、『実際の生産性＝潜在的生産性－欠損プロセスに起因するロス』を提唱しました。例えば業務プロセスを進めていくうえで、グループ内で意見を取りまとめる、複数の意思決定者から承認を得る、関係各位と調整を行うなど、人を介するプロセスは必ず存在します。プロセスの一つひとつに、関係者それぞれの思惑があり、その思惑の中で意見を出し合いながら、落としどころが定まっていきます（部分最適）。この場合、皆が必ずしも同じ方向（全体最適）を向いているわけではないため、合意形成に時間がかかるだけでなく、皆の能力の総和にはなりません。

どうしてこのようなことが起こるのでしょうか。いくつか原因があります。まず、社員はこの業務を成功させると自分の評価が上がるのかを考えます。頑張っても評価は変わらないと判断すれば、「評価されないことは、やりたくない」という心情から、「できるだけ仕事を作らないように結論を誘導しよう」という意識になります。

複数部署から成るプロジェクトであれば、主管部署を除き、自部署に負荷がかかりそうか（あるいは損になりそうか）を第一に考えます。自部署に負荷をお願いすることになると、メンバーから嫌がられ関係性の悪化につながるかもしれないと想像することで、「自部署への影響を極力、少なくしよう」という意識になります。これは仕事の進め方に問題があるため、新たに評価のルールを決めるなどの組織文化づくりが必要になります。

一方で、会議をしても皆が遠慮をして意見がなかなか出ないことがあります。加えて、賛同ばかりで指摘や反論がないために、なかなか議論が深まらないこともあります。これは心理的安全性に問題があるため、コミュニケーションや態度に焦点を当てた組織風土づくりが大事になります。あるいは意見を言うことで、自分がやる羽目になるかもしれないという「言ったもん負け」の組織文化がそうさせるのかもしれません。提案すると、言い出した人が取りまとめ役になり、業務量の調整もなく、単純に仕事が増えてしまうことを避ける行為です。この場合は新たなルールを設けるなどの組織文化づくりが必要になります。

どのような企業でもセクショナリズム（組織ユニット間の利害対立）は見られます。部門間連携が進まない企業は、コミュニケーションの問題（組織風土の問題）を挙げがちですが、組織文化に目を向けていくことで、解決の糸口が見えてくるかもしれません。

このようにプロセス・ロスを組織文化と組織風土の両面から分析し、対策を行うことで組織の活性化につなげていきます。

またプロセス・ロスは協同の場面だけでなく日常業務にも存在します。仕事には本当に必要な仕事と、そうでない仕事があります。そうでない仕事とは、自分の印象が悪くならないように「やっておいたほうがよい仕事」のことを言います。

社員は組織人として生きていくために、上司や同僚に嫌われることのないように振る舞います。上司から与えられた仕事に疑問を持ったとしても、あえて深く考えずに、言われたとおりにします。

これは自分の印象を悪くしないための行動です。上司から言われたことを、文句を言わずにこなしているかぎり、否定的な印象をもたれることはないため、会社での身の安全が保障されます。

このような話は、中途入社者との懇親会の場で話題に上がります。「自分のやっている仕事は何かに役立っているのだろうか、時間をかけて資料を作成したものの、誰が活用しているのかがわからない」という仕事の存在です。なくてもいいのであれば「やめたい」が、これまでやっていたことを否定し、やめることの正当性を提案書にまとめて、上司に納得してもらうことのパワーを考えたら、やったほうが早いし、これまでやってきたことを否定することで、上司の気分を害したくもない、それに面倒くさい奴だと思われると、良かれと思って言ったにもかかわらず、自分の評価が下がってしまう。であれば、そのままやっておくことが賢い選択ではないか。こんな類の話です。

中途入社者の新鮮な感覚で「この部分はどうにかできるのではないか」と思ったとしても、

組織風土の問題で、改善されないとしたら、とても残念なことです。

このような「やっておいたほうがよい仕事」は、業務の引き継ぎ時に見つかります。例えば、前任者がデータ集計の資料を毎月作成し、他部署に送っていたとします。資料の用途を確認したところ、その資料はあると嬉しいけど、なくても業務に支障のない資料だとわかりました。しかし担当者が変わったからと言って、資料提供をやめるわけにはいきません。なぜならその資料はその部署にとって、あると嬉しい資料だからです。やめることで自分の印象が悪くなるかもしれないと思うと、「手間はかかるけど、自分が我慢すればよいだけだ」と考え、その仕事は継続されることになります。「仕事とはこんなものだ」と思っているからこそ「本当は必要でない仕事＝やっておいたほうがよい仕事」が継続されます。

夜遅くまで残って仕事をするのも、印象を気にする行動の一つです。「夜遅くまで残って仕事をする＝頑張っている」と、情意（仕事への姿勢）評価を高くつける上司がいると、長時間労働が正義の組織文化ができあがります。ムダな残業も多くなるため生産性が著しく低下します。一番、遅くまで残業している部署が、上司が変わったとたんに、ほとんど残業しなくなったという話はよくあります。

一方で、「良かれと思ってやる仕事」もあります。「提案資料のＡｐｐｅｎｄｉｘを、いろんな角度から作成したら、上司に褒めてもらえた」という過去の経験から、「今回も作成しておこう」と指示されるわけでもなく過剰に資料を作成してしまう、このような前向きの姿勢から業務量が増えていることがあります。「あればあるに越したことはない」ものであるため、「この業務はもうやめよう」という判断にはなりづらく、継続されることになります。

日本生産性本部は、「生産性課題に関するビジネスパーソンの意識調査（２０２２年）」の中で、労働生産性を阻害する要因について調査しています。経営層、管理職層、非管理職層ともに、「無駄な業務が多い」が最も多く、４割以上を占めていました。このようなプロセス・ロスをなくすことができれば、生産性が高まるだけでなく、時間も捻出でき、創造的な仕事に時間を当てることができます。創造性と生産性の同時実現に向けて、率直に意見交換できるような心理的安全性の高い状態を作り出すことはとても重要なことです。

③プロセス・ゲインの獲得

心理的安全性の高い組織はプロセス・ロスを減らすだけでなく、プロセス・ゲインを生み

図38　組織の成功循環モデル

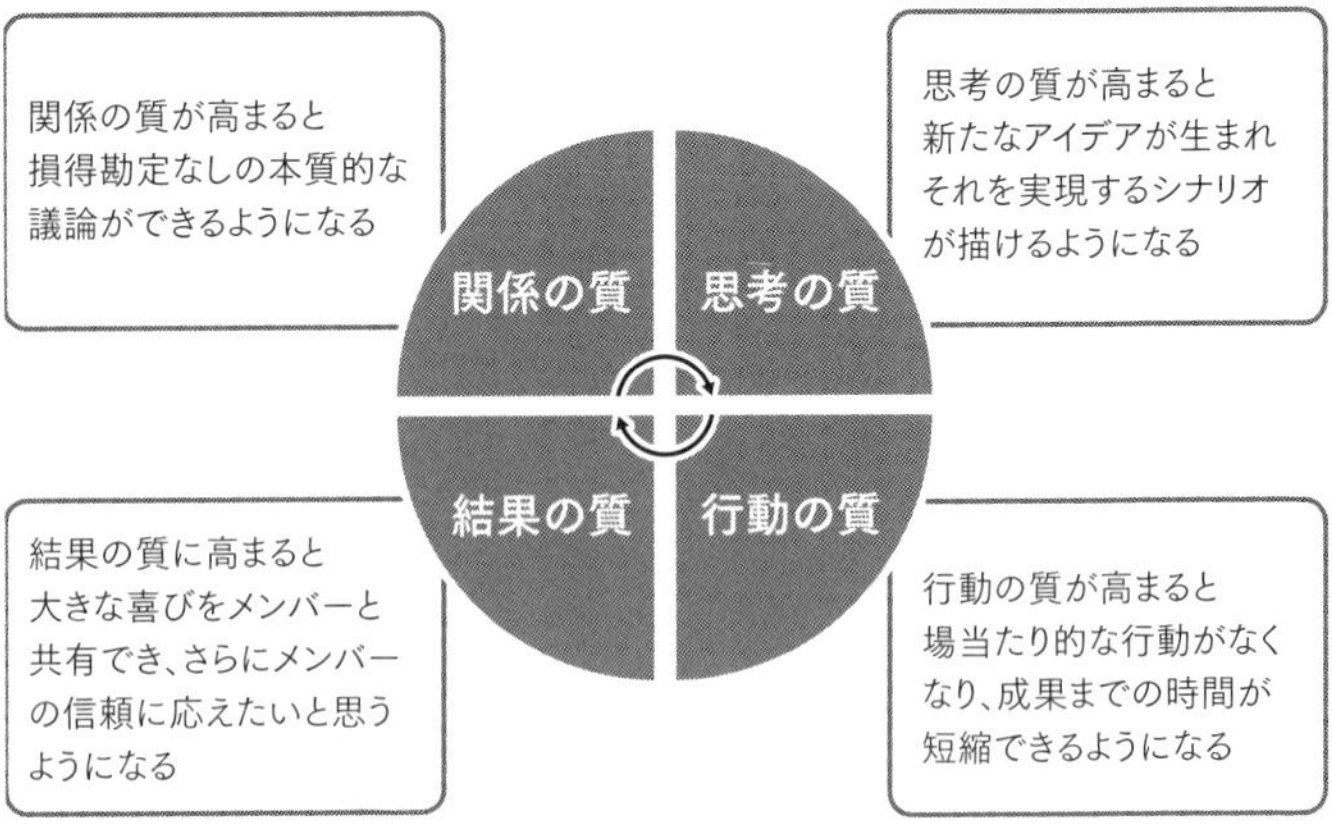
関係の質が高まると
損得勘定なしの本質的な
議論ができるようになる
思考の質が高まると
新たなアイデアが生まれ
それを実現するシナリオ
が描けるようになる
関係の質
思考の質
結果の質
行動の質
結果の質に高まると
大きな喜びをメンバーと
共有でき、さらにメンバー
の信頼に応えたいと思う
ようになる
行動の質が高まると
場当たり的な行動がなく
なり、成果までの時間が
短縮できるようになる

出します。

上図はマサチューセッツ工科大学のダニエル・キム教授が提唱する「組織の成功循環モデル」です。

ダニエル・キム教授は組織が結果（成果）を出すには「関係の質」「思考の質」「行動の質」「結果の質」の4つの質をきちんと循環させることが大事であると述べています。

組織の成功とは、最高の結果（大きな成果）を出すことであり、そのためにはメンバー一人ひとりの行動の質を高める必要があります。行動は思考によって引き起こされるため、行動の質を高めるには、思考の質を高めなければなりません。しかしながら一人ひとりの思考（アイデアを含む）

には限界があります。メンバー全員の英知を集結し、より良い思考を生み出すことができれば思考の質をさらに高めることができます。そのためには自由闊達に意見交換できる心理的安全性の高い職場が必要です。メンバー間の関係の質が高まれば思考の質が高まり、思考の質が高まることで行動の質が高まり、行動の質が高まることで結果の質が高まります。大きな成果が得られれば、さらに関係の質が高まり、正のスパイラルができあがります。

メンバー全員の英知が集結し、個人では考えもつかなかったアイデアが出てくるようになれば、その組織の能力は、個々の能力の総和を超えて、発揮されていると言えるでしょう。

◉システムとして捉える

〝システムとして捉える〟というのは、自分たちは成果を上げるためのシステム（全体）の一部であるという考えに立って、全体を俯瞰することを意味します。ちなみに人間の体もシステムで動いています。人間の脳は、神経細胞同士がつながることで学習が進み、このことで脳が強化されます。会社の組織も同様で、社員同士がつながることで、できることが増え、組織が強化されます。

このことを「組織の成功循環モデル」に当て嵌めると、〝社員同士がつながる〟とは、〝社員同士の関係の質を上げる〟ことでもあります。関係の質を上げるには、既存の関係性を強化する、あるいは新たな関係性を構築するという二つの方法があります。既存の関係性を強化するとは、お互いを知ることです。知識やスキルといった能力上の強みや、これまでの経験、人的ネットワークなどを共有することで、これまで考えもしなかったアイデアが生まれてくるかもしれません。一方で、新たな関係性を構築するというのは、「こんな能力があれば、あんなことができるのに」と創造を膨らまし、その能力を保有する人材を巻き込むことで、これまでできなかったことができるようになることを意味します。

より高い成果（結果）を求めるのであれば、今以上のシステムを作る必要があります。

④空間のデザイン

社員同士がつながることを目的に職場の「空間デザイン」に取り組んでいる企業があります。空間のデザインとは、あらゆる場所で意図しないコミュニケーションが生まれるように、無目的な接触が増える職場レイアウトを創造する試みです。

以前は、勤務時間内の雑談は、仕事に関係しないことを理由に禁止している企業もありましたが、昨今では、たまたま出会って言葉を交わしたことをキッカケに、コラボレーションが生まれ、そこでのアイデアがイノベーションを起こすことが知られるようになりました。そのため「社員の意図せぬ交流」を意図的につくり出そうとする企業が増えています。

またギャラップ社の調査結果では、職場に最高の友人がいることで仕事に意欲的に取り組むことができ、成果を出せる可能性が、いない人と比べて12倍に上がることが示されました。職場でつながりを感じることで、仕事の成果が上がるのであれば、ちょっとした雑談であっても、大きなメリットがあります。

もちろんハード面を揃えても交流が生まれるわけではありません。仕事はデスクか会議室で行われるものというパラダイムのある組織では、オープンスペースで誰かと出会ったとしても、挨拶で終わってしまい会話は生まれません。社員がその空間を気楽な気持ちで、自然に交流できる場所だと感じられるように、マネジメント側が後押しするなど、会社全体で「意図せぬ交流」を奨励することが必要になります。

サントリー食品インターナショナルでは、「社長のおごり自販機」という法人向けサービスを提供しています。2人の社員が欲しい飲み物を選び、購入時にそれぞれの社員証を同時にカードリーダーにかざすことで、商品を無料で購入できるようにするサービスです。これにより社員の雑談を増やそうという試みです。

「他部署とのランチ会」を定期的に開催している企業もあります。会社がランチ代を支給して、普段、仕事で関わらないような他部署の人たちと接点を持つ試みです。社内に知っている人が増え、横のつながりが広がることで、社員間の情報共有が進み、会社への理解が深まります。社内コミュニケーションの活性化をキッカケに新しい取り組みが始まるかもしれません。

5　プロセス・ゲインを得るために

プロセス・ゲインを得るには多様性の獲得が大事です。社員の多様性を高めることで、自社とは異なる価値観や考え方を組織に取り入れることができ、環境変化への適応能力が高まります。

多様性を獲得する方法にはいくつかあります。

①中途採用の促進

近年、キャリア採用が増加しています。特に経営戦略と人材マネジメントを連動させ、「適所適材」「適時」の観点から高い専門性を持った即戦力の人材をスピーディに採用しようと考える企業が増えています。採用チャネルを増やすために、社員の人脈を活かすリファーラル採用を導入し、自社で成果を上げられる人材の獲得に取り組んでいる企業や非管理職の報酬上限を撤廃し、トップレベルの研究者の獲得に取り組んでいる企業もあります。

しかしながら中途入社者の離職率は新卒以上に高く（およそ新卒入社者の1・5倍から2倍と言われている）、いかに定着率を上げていくかが企業の課題となっています。

◉どうして離職率が高くなるのか

中途入社者は転職先の組織文化や組織風土に慣れるのにどうしても時間がかかります。会社が100あるとすると、仕事の進め方や意思決定など、100通りの違いがあります。これらは仕事を進めていくうえで重要であり、高いパフォーマンスが期待される中途入社者は早急に理解し、対応することが求められます。

しかしながら暗黙のルールは、暗黙であるがゆえに既存社員も無意識に従っている（そういうものだと思っている）ため、その当たり前を教えてくれる人はいません。さらに中途入社者自らも、前職での組織文化や組織風土が無意識のうちに自分の行動を規定しているため、それに気づき、アンラーニング（学習棄却）することは容易ではありません。

現実は、仕事に躓いてはじめて、暗黙のルールを知り対応することになります。うまく乗り越えられるかどうかは、アドバイスをくれる人がいるかどうか、躓いた時に仕事上の利害関係者やキーパーソンと信頼関係があるかどうかに大きく影響します。

中途入社者が仕事を円滑に行うには、既存社員との信頼関係構築が重要になりますが、通常、構築にはある程度の時間がかかります。しかしながら、即戦力として採用された中途入社者は、同僚や他部署の社員との信頼関係が構築できていなかったとしても高い成果が求められます。既存社員からすれば、中途入社者は外部から来た人という認識であり、「お手並み拝見」といった意識が強く、すでに見えない壁が存在しています。そのため入社してすぐに信頼関係を構築することは容易ではありません。コロナ禍をキッカケにテレワークが進み、対面コミュニケーションが減少する中、そのような信頼関係を早急に構築することはますます難しくなっています。このように中途入社者は入社した段階で、既存社員との間に見えない壁があることから、仲間意識を感じづらく、孤立しやすい状態だと言えます。

◉オンボーディング（定着とパフォーマンス発揮）

即戦力として中途入社した人材が組織文化や組織風土に馴染めないことで、期待されたパフォーマンスを発揮することなく離職してしまうことがあります。

オンボーディングとは、短期間で組織に馴染んでもらい、パフォーマンスを発揮してもらうための取り組みのことです。

中途入社者が先述のような状況に陥っているとしたら、オンボーディング施策を充実させる必要があります。施策の例として、

(1)中途入社者の孤独感をなくすために、入社時教育や歓迎イベントを行い、中途入社者同士の人的ネットワークをつくる

(2)中途入社者が上司や同僚に話しにくいことを相談できるメンター制度をつくる、あるいは人事がその役割を担う
(3)「中途入社者は経験も豊富で知識やスキルも持っているから、一人でどうにかするだろう」といった誤解をなくすために、受け入れ側の教育を行う
(4)人事が定期的に面談を行い、中途入社者の状況把握に努め、場合によって、積極的に関与する

これらの4つが代表的な対策です。会社の変化適応能力を高めるために、コストをかけて中途採用を行っても、定着しなければ、採用業務の担当者は疲弊し、創造性の獲得も難しくなります。

一方で、組織文化や組織風土に馴染むことで、中途入社者の良い意味での〝異質さ〟が消失してしまうことがあります。「前職はそうでも、うちのやり方はこうだから」と同質化を強要することで、定着には成功したものの、既存社員と変わらなくなってしまったということを聞くことがあります。中途採用の目的が労働力確保であれば問題ありませんが、多様性の獲得であれば失敗したことになります。それぞれの違いを認め合い、お互いをどう生かし

ていくかという姿勢がなければ組織のパフォーマンスが上がることはありません。

②出戻り人材の活用

70歳雇用が努力義務になり働く期間が長くなりました。今後、一社で職業人生を終える人は減り、今以上に転職が当たり前の時代になります。

とくに優秀な人材は、より高い報酬やチャレンジの機会を求めてどんどん転職するようになります。

総務省統計局の労働力調査において、２０１９年の転職者の総数が３５１万人となり、過去最多となりました。一方で、企業側は次から次に優秀な人材を採用できるかというと、そうはいきません。ブランド力のある企業は良いですが、そうでない場合、採用は難航します。

これらのことから、一度自社を退職した人材であっても、優秀な人材であれば、定期的に連絡をとり、転職先の状況しだいで「呼び戻す」という企業があります。

転職して、これまでの常識や社内の人脈がまったく通じない世界で「新しいことに挑戦する」という経験は、多くの気づきが得られるだけでなく、精神面でも人を成長させます。

長年、会社に所属していると、自分なりに、会社とはこういうものだというパラダイムが出来上がり、無意識的に行動を制限していることがあります。しかしながら無意識なので指摘されないかぎり気づくことはできません。ましてや同質化の進んでいる組織では指摘できる人もいません。一度、会社を辞めて他社に転職することで、そのパラダイムの存在を知ることができます。

大手家電メーカーが「生え抜きでは変革できない」と一度会社を辞めた人材を経営幹部として迎え入れました。出戻り人材は、自社のパラダイムの存在に気づかせてくれ、加えて、他社の優れた組織文化を教えてくれる人材でもあるため、より良い組織文化をつくっていくために貴重な存在になります。

③リカレント教育（学び直し）の奨励

創造性の獲得に向けて、企業には、自社にない能力を積極的に取り入れる「オープンイノベーション」が求められています。オープンイノベーションとは、自社の能力だけではイノベーティブな製品・サービスを創出することは難しく、また外部からの人材獲得は容易でないことから、社員の社外活動を増やすことで社外の知識や技術を知り、自社に取り入れ、変革を実現しようとする考え方です。この取り組みは、個人のキャリア形成にも有効です。働きながら時代に合った最新の教育を学び、そこで得た知識や経験、スキルを活かして新たなキャリアに結びつけることができます。

経産省はＳｏｃｉａｌ５・０の実現に向け、イノベーション創出のためのリカレント教育を推進しています。

Ｓｏｃｉａｌ５・０

サイバー空間（仮想空間）とフィジカル空間（現実空間）を高度に融合させたシステムにより、経済発展と社会的課題の解決を両立する、人間中心の社会（Ｓｏｃｉｅｔｙ）のこと

狩猟社会（Ｓｏｃｉｅｔｙ１・０）、農耕社会（Ｓｏｃｉｅｔｙ２・０）、工業社会（Ｓｏｃｉｅｔｙ３・０）、情報社会（Ｓｏｃｉｅｔｙ４・０）に続く、新たな社会を指すもので、第５期科学技術基本計画において我が国が目指すべき未来社会の姿として提唱されました。

出所：内閣府ＨＰ

リカレント教育は、大学院（経営学、経済学）への進学が一般的ですが、経団連「高等教育に関するアンケート調査結果（２０１８・４）」によると、ＩＯＴやビッグデータ、人工知能などの技術革新に対応できる人材を確保するために、大学院（情報・数理データサイエンス、ＩＴ関連）に送り出したいと考える企業が増えています。特に社会人向けの大学院は、他社の人たちと一緒に講義を受けるだけではなく、情報交換を通して、他社の技術や工夫を知り、最新の知見を学ぶことができます。またディスカッションをはじめ多様な活動を通じ、様々な価値観を持った人たちと議論ができることは、自己のパラダイムを変化させるのに効果的です。自社の常識を疑う力をつけることで、専門性だけでなく、課題形成力も向上します。また社外活動で得た人脈から、大学と企業が共同研究を行うケースもあるなど、大学とのつながりが持てることも大きなメリットです。

しかしながら実際には、高等教育機関で教育訓練の機会を社員に与えている企業は１・

8％と限られています。企業が高等教育機関の就学を認めない理由として、「本業に支障をきたす」「教育内容が実践的ではなく現在の業務に生かせない」ことを挙げています。仕事の時間を減らしてまで、仕事の成果に直結するかどうかわからない教育に時間をかけるべきではないという企業側の教育姿勢が見えてきます。このような考え方は、創造性の獲得をさらに困難にしています。

④パラレルキャリア（副業・兼業）の促進

副業や兼業によって、会社では得られない様々な経験を積み、そこで得られた情報や習得した知識・スキルを商品開発などに還元していく考え方です。経団連が公表している「副業・兼業に関するアンケート調査結果（2022年）」によると、副業・兼業を認めている、または認める予定の企業の割合は70・5％（認めている53・1％、認める予定17・5％）であり、年々、数が増えています。個人にとっても人生を再設計したり、自己実現に向けて転職や起業といったキャリア転換につなげたりと、キャリアの選択肢を広げるのに有効です。

副業や兼業のことを越境学習と呼びますが、ある企業ではビジネスコラボレーションによるイノベーションの促進を目的に、他社と合同研修を行っています。人間関係の構築とともに、新たなビジネスの種を一緒になって考える試みで、これもまた越境学習になります。その他には、自社の社員と他社の社員を一定期間交換し、実際に業務をさせる交換留職やレンタル移籍があります。他社で仕事をすることで、新たな価値観や考え方を学ぶことができます。

人材開発施策を社内完結で考えると限界がありますが、社外を活用する意識を持つことで、施策の幅が広がります。

6　組織変革の進め方

本書では組織活性化の目的を、「創造性が生まれる組織をつくり、変革を成功に導くこと」としています。

心理学者のクルト・レヴィンは変革の成功には「解凍（Unfreezing）」「変化（Moving）」「再凍結（Refreezing）」の3つのステップが必要であると提唱しました。

Ⅰ　解凍

会社を取り巻く環境の変化を社員に説明しながら「今までのやり方は通用しない」「これまでの考え方では生き残っていけない」といった健全な危機意識を社員と共有します。そのうえで、会社の進む方向性を明示し、その難局を乗り越えるために、「既存の価値基準や考え方」ではなく、「新しい価値基準や考え方」を取り入れていくことを社員に提示します。そして、この変化を社員に受容することを求めます。「解凍」は、未来志向で、今の状態が良くないものであるとする雰囲気を醸成し、これから起こるであろう変化に対して、社員に心の準備を求めるフェーズです。

Ⅱ　変化

「解凍」からあまり時間を空けることなく、社員の変革への関心が高いうちに「変化」のフェーズに移行します。「変化」は具体的なアクションを展開していく段階で、社員に新しい価値基準や考え方を学習させたうえで、どのような手順で進めていくかを具体化し、行動に移します。「変化」は、社員一人ひとりが変革の当事者として、実行するフェーズです。

この段階は、成果を上げる人材と同様、挑戦することに価値を見出し、挑戦した人を評価することが重要になります。人は「うまくいったこと」を褒められればやる気が増し、「うまくいかないこと」を非難されると、反発心からやる気がなくなります。変化の時期は、頑張っても、うまくいかないことが多く、うまくいかないことが原因で評価を下げてしまうと、誰も挑戦しなくなります。挑戦することは失敗のリスクと引き換えに、成功の経験を得ることができ、自己成長にもつながります。安全な選択は、「マイナス評価が付かない」「責任を問われない」ため、賢い選択のように見えますが、大きく成長することはありません。個人が成長しなければ組織は成長しませんから、挑戦することを推奨するような評価制度への移行が必要です。具体的には、減点主義ではなく加点主義にすることで挑戦することを推奨します。加点主義の評価は目標管理と連動させて運用し、難易度の低い目標に到達するよりも、難易度の高い目標にほんの少し未達であるほうの評価を高くすることで、難易度の高い目標へのチャレンジが、評価得点上、有利になるようにします（P134）。このように制度改定と合わせて挑戦することを奨励し、変革の促進につなげます。

Ⅲ　再凍結

社員の変革に対する納得感を高めるために成功事例の収集に力を入れます。成功事例は社内報を活用するなどして社員に共有し、変革への手応えを感じてもらいます。変革を継続するには、変革を実行した人がきちんと評価され報酬に反映される一貫性のある制度に変更し、変革の実行力強化を目的とした能力開発を行います。再凍結のフェーズは、「新しい価値基準や考え方」を、組織文化として定着させるフェーズです。

◉変革に対する社員のスタンス

「解凍」→「変化」→「再凍結」の変革ステップを進めるにあたって、社員一人ひとりの変革に向けるエネルギーレベルにはバラツキがあります。エネルギーレベルの高い人、十分とは言えない人、極端に低い人など、社員のエネルギーの状態を考慮せずに変革を進めていくと、組織の一体感は失われます。つまり全員が同じように考え、動くべきだという「あるべき論」から全社一斉に変革しようとすると、エネルギーレベルに応じて、変革に取り組もうとする人、変革の様子見をする人、変革から遠ざかる人に分かれ、経営層と一部の社員との心理的距離が離れていきます。半ば強制的に進めることでスピード感はあっても、抵抗する人（表立って発言はしませんが）が増えることで、変革は進まなくなります。管理職が一人ひとり丁寧に一般社員と話をして、納得してもらうなど、きちんと時間と労力をかけることが大事です（もちろん管理職クラスは変革に対して腹落ちしていることが前提になります）。

◉部分から変革を始める

一方で、スピード感は落ちるけれども、現場の温度差を容認しながら、段階を経て、徐々に全体に広げていく方法もあります。スタンフォード大学のエベレット・M・ロジャーズ教授は、『変革普及学』という著書の中で、イノベーター理論を提唱しました。これは新しい製品やサービスの、市場への普及率を表したマーケティング理論ですが、この考えは組織の変革を進めていくうえで参考になります。

この理論は、顧客を「イノベーター」「アーリーアダプター」「アーリーマジョリティ」「レイトマジョリティ」「ラガード」の5つのタイプに区分します（図39）。新しい製品やサービスは、イノベーターとアーリーアダプターを合わせた層に普及した段階（普及率16％

図39　イノベーター理論

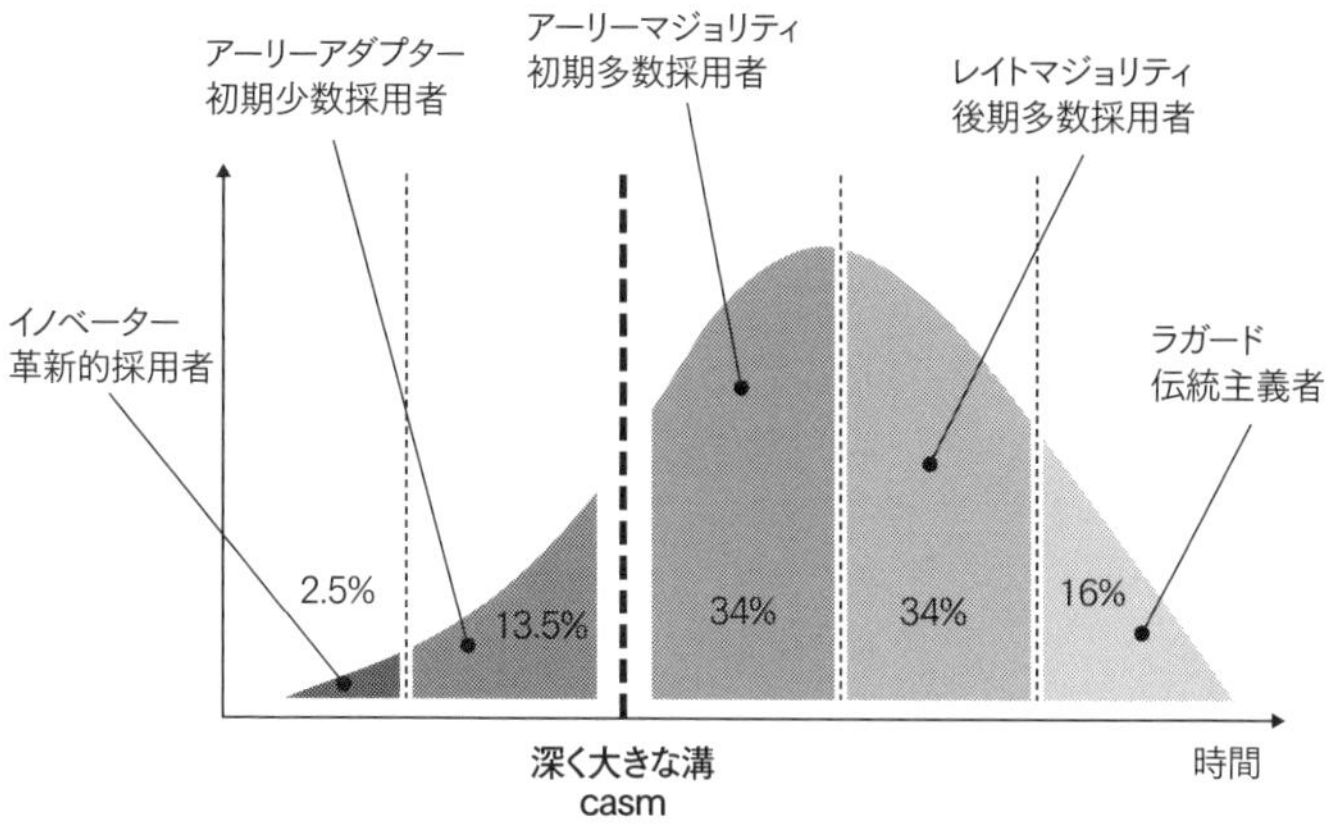

超）で、急速に拡がっていくことがわかりました。イノベーターとアーリーアダプターに採用してもらうことが新製品普及の大きなポイントになります。

これに加えて、マーケティングコンサルタントのジェフリー・A・ムーアは、特にアーリーアダプターとアーリーマジョリティの間に「深く大きな溝」があることを見つけました。アーリーアダプターが新製品をすぐに購入するのは、競合他社より先に使用することで差別化につなげたいと考えているからです。競争優位を得るために失敗するリスクを取りますが、一方でベンダーへの要求は厳しくなります。

アーリーマジョリティは、新製品の使用にあたって試行錯誤せざるを得ない事態を回避したいと考えます。そのため他社の活用事例が出てくるまで購入しません。

このようにアーリーアダプターとアーリーマジョリティでは重視する点が大きく異なるため、アプローチ方法を変えていくことが必要だと述べています。

この考えを組織変革に応用します。組織に所属する社員のタイプを3つに分類し、異なる3つのアプローチにより変革に引き入れていきます。まずは変革に対するエネルギーレベルの高い16％をターゲットに、その人たちと一緒になって変革を実行します。ある程度、変革時の問題点とその対応策がわかったタイミングで次にエネルギーレベルの高い34％を引き入れ、いくつか成功体験が出てきた段階で、残りの50％を引き入れます。このように社員の変革への温度差を受容しつつ、段階的に変革を進めていきます。

◉現場中心で進める

全社一斉あるいは一部の組織から変革を進めていくにしても、変革のアクションプランは現場の関与が必要です。現場の関与がないままに経営者や一部の企画スタッフのみで計画され、「上からの指示」として提示するような進め方は、たとえ理屈が通っていたとしても、心情的に現場の共感を得ることは難しく、組織の活性化という点でもマイナスです。「上からの指示」で変革が始まったとしても、現場中心で進める方が共感を得やすく、定着がしやすくなります。

では、どのように進めていけばよいのでしょうか。

①チェンジプロモーター

チェンジプロモーターは変革の当事者であり、自ら課題を形成し、変革を起こす起点となって、周囲を巻き込みながら変革の輪を広げていく存在です。変革の趣旨に心から賛同し、志が高く、既存業務において優秀な成果をあげている社員から選抜します。

類似の言葉にチェンジエージェントがありますが、チェンジエージェントはトップダウンで変革を推し進めるために組織メンバーと信頼関係を築き、改革を支援・促進する役割を担う人のことを言います。

チェンジプロモーターとの違いは、チェンジエージェントはトップが当事者ですが、チェンジプロモーターは、社員が当事者である点です。組織を活性化させ、組織力を高めていくには、トップが当事者ではなく、社員が当事者であることに意味があります。チェンジプロモーターは変革テーマと取り組みの方向性をトップに提案し、トップがそれを承認したら、各組織に散らばり、現場を巻き込みながら変革を具体化し、実行に移します。

トップダウンではなく、ボトムアップで進めるため、トップダウンの企業にとっては、トップ自身の意識変革でもあります。

◉乗り越えるべき壁

チェンジプロモーターを推進していくには、乗り越えるべき壁が大きく3つあります。

まず一つ目は、計画の壁です。

最も、難しいのは変革テーマ（課題）の設定です。変革テーマは個人の業務レベルではなく、組織に影響を与えるレベルが求められるため、本人の視座を高めるなど、相応のレベルアップが必要になります。

これまで上位職から下位職へ、何をすべきかのテーマと、その答えを与える組織文化が定着している企業では、言われたことを迅速にこなすスキルには長けていますが、そもそも何に取り組むべきかという、「問いを立てる」ことには慣れていません。これまで社員は想像力を磨く機会に恵まれなかったため「今、何が問題なのか」「将来を見据えて、何を課題とすべきか」といった思考そのものが弱く、変革テーマを自力で導き出すことは困難です。

また変革テーマを企画書に落とし込むには、Ｗｈａｔ（何をやるのか）、Ｗｈｙ（なぜそれをやるのか）、Ｈｏｗ（どうやるのか）の３つの要素が必要になります。この中でＷｈｙは感覚や解釈ではなく事実に基づくことが前提になりますが、事実を得るための情報リソースが不足し、十分に情報が得られないことがあります。この場合、どうしても解釈を起点に論理構成せざるを得ないため、説得力のある企画書をつくることが難しくなります。

これらを解決するために、専門家の知恵を借りることを考えます。社外から専門家を招聘し、専門家からチェンジプロモーター本人へ、指摘やアドバイスを繰り返すことで視座を高め、経営層が納得する企画書に仕上げていきます。

経営に関する知識や課題形成の考え方は、短期間で習得することは困難なため、若手の研修に取り入れるなど、早い段階から触れる機会をつくっておくのがよいでしょう。

また変革活動に充てる時間が確保できず、計画に十分な時間が割けないといったことも起こります。変革活動の多くは、今の仕事量を維持しながら、プラスアルファで進めていくことになるため、「業務時間の2割を変革活動にかける」のような社内ルールを設けるなど、継続できる環境をつくります。通常業務が処理しきれずに、日々、残業しているとしたら、変革活動にかける時間は取れませんから、これを機に、組織全体で業務の棚卸を行い、プロセス・ロスの改善に取り組むことで、無駄な仕事をなくし残業を減らします。変革活動の時間確保のためにチェンジプロモーターの仕事の一部を他のメンバーに割り振ってしまうと、他のメンバーに負荷がかかることをを理由にチェンジプロモーターの取り組みに批判が出てしまいます。

二つ目は、承認の壁です。変革テーマについて、経営会議のような然るべき会議体で承認を得なければなりません。

・所属組織

日本企業の多くがピラミッド型の組織を形成しています。提案を通すには、内容に応じて上司から順に関係各位の賛同を得る必要があります。しかし提案内容によっては、組織の事情が優先されてしまい、賛同が得られないことがあります。組織には実行すべき計画があり、上司はそれを全うする責任があります。上司の立場からすると、既存の仕事をおろそかにしてもらいたくはなく、変革活動は応援するとしながらも、これまでのマネジメントを変えようとはしません。

・経営会議

会議にかかる議題は、大きく二つに分けることができます。一つはすでに経営層が課題として認知しており、既存の組織がすでに対応している課題です。もう一つはまだ経営層に課題として認知されておらず、問題提起を必要とする課題です。変革で取り扱う議題は、後者になります。問題を提起すると、経営層の反応は大きく4つに分かれます。皆、利害関係者ですから、メリットやデメリットによって、「賛同」「(判断できないため)先送り」「拒否」「無関心」の反応を示します。バラバラの反応が出てしまうと、その場の空気感から全社の課題として認知してもらうことはできません。何が駄目なのか、何の情報が足りないのかといった意見や指示が経営層からなければ、どう修正すればよいかがわからず、変革活動は前に進まなくなります。

三つ目は、実行の壁です。変革テーマについて、関係各位に賛同してもらい、組織として動いてもらわなければなりません。

・キーパーソンへの根回し

「失敗をしてはならない」という暗黙のルールが存在する組織は、根回しが重視されます。関係部門、関係者への説明に多大な時間が取られるとともに、その人たちの意見を反映せざるを得ないため、主張の角がとれ、丸まったものになりがちです。

・優先順位の変更依頼

変革テーマ（課題）の多くは、重要性は高いものの緊急性は低く、中期的に取り組む内容です。変革テーマを会社全体に展開しようとしても、マンパワーが不足していることを理由に、既存の取り組みと並行して進めることは難しいと判断され、後回しにされてしまいます。

・組織メンバーへの説明

変革テーマを組織メンバーに説明すると、メンバーには5つの懸念が生まれます。実行に移すには、その懸念を一つひとつ、取り除いていかなければなりません。

「認識にかかわる懸念」：なぜ変革が必要なのか、今までのやり方のどこが悪いのか、ちゃんとわかって言っているのか。

「個人にかかわる懸念」：自分に得なのか損なのか、ちゃんと評価されるのか。

「計画にかかわる懸念」：まず何から始めていくのか、どのくらいのスピードで行うのか、計画どおりにいかなかったらどうするのか。

「協同にかかわる懸念」：ほかに誰が参加するのか、その人たちとどのように連携していけばよいのか（誰が参加するかで、本気度を見極めようとします）。

「対応にかかわる懸念」：改革を実行する上で、起こりうる問題をどう予測しているのか、その問題にどう対処しようとしているのか、リスクへの対応をどう考えているのか。

これらの懸念が払拭されないと、なかなか協力してもらえません。

・アクションプランへの落とし込み

変革を推進する側は、変革によるメリットを強調して伝えますが、実施する側は、変革によるデメリットに意識が向きます。総論の時には見えていなかったデメリットがアクションプランに落とし込む段階になって、都合の悪い部分が見え、組織が反対に転じることがあります。変革に成功しても失敗しても、実施する側の評価は変わりません。全員にとってプラスになる変革はなく、何かを変えることによって、必ず、得をする人、損をする人が出てきます。ある程度、仕方のないことですが、これが原因で、実施する側が反対に回ってしまうと混乱が起きてしまいます。そうなると、これまでの頑張りや成果よりも、混乱によるマイナス面が強調され、変革の中心人物の評価は下がってしまいます。「変革は痛みを伴う」と言われてはいますが、実際はステークホルダーとの関係性を良好に保ち、混乱を起こすことなく、変革を進めていくことが求められます。

このようにボトムアップ型の変革活動は、経営層の承認のもと、関係各位が納得したうえで、協調し進めていくことが前提となります。躓く箇所がいくつか存在するため、事前に対策を立てながら慎重に進めていきます。

②学習する組織

チェンジプロモーターの取り組み以外にも、組織活性化につながる取り組みとして、「学習する組織」があります。

トップダウンのようなピラミッド型の組織は、上が下を指導し育成するという考え方ですが、ボトムアップの組織では、お互いが教え合い、刺激し合うことで学習が進みます。そのため新しい考え方や行動を獲得するためのコミュニティが重要になります。

「学習する組織」とは、会社を良くしたいという志のある社員が集まり、望んでいる未来に近づくために、自分たちの強みを発揮して、大きな成果を生み出すコミュニティのことです。

学習する組織は内発的動機を重視するため、メンバー選定はなく、入退出が自由であることが前提になります。事務局側は最初のキッカケをつくることは行いますが、基本的には社員の自主性に任せます。通常、人というのは、正しいと思うことでも、発言することで他者から否定されるかもしれないという不安や、周囲の反応が予測できず発言後の展開が読めない場合に口を閉ざします。「何人かは自分の意見に賛同してくれそうだ。もしかすると加勢してくれるかもしれない」という期待が持てれば、〝自分の考えを発言しても孤立することはない〟と考え、人は正しいと思うことを発言します。「良い会社にしていきたい」という思いを持っている社員たちが集まっている場であれば、利害関係を抜きにして、これまで話せなかったことが話せるようになります。個々の意見に耳を傾けていくことで、全体として「良い会社にしていくために何に取り組むべきか」が見えてきます。

学習する組織は、「独創」と「協創」が行き来する場です。「独創」は、一人で考えることで、「協創」は皆で考えることです。人は、自分なりにこうしたらよいのではないかという意見があります。ただこれが正解かと言われると、正解だと言える人はそういません。他に最適解があるのではないかと思いつつ、それを教えてくれる人はいませんから、自分で考え続けなければなりません。しかし一人で考え続けるには限界があります。そのため自分の考えを誰かに話したり、他者の意見を聞いたりすることで、自分の見ていなかった部分（見ていたつもりの部分）に気づくことが必要になります。気づきを得ることで、さらに考え続けることができ、自分の意見が洗練されていきます。

このように他のメンバーとの意見交換によって、独創と協創が幾度となく繰り返され、物事に対する見方や感じ方に変化が起こることで、新たな考えやアイデアが生まれます。新たな考えを組織に取り入れ、アイデアを実現するには個々のレベルアップが必要になります。個人が成長し新しい能力を獲得することができれば、イノベーション（非連続）が生まれます。

このような取り組みを継続することで、絶えず変化し続ける組織体が出来上がります。これにより、やらされる企業変革ではなく、社員主体の企業変革が実現します。

小集団活動について

一般的に、集団における意思決定は、個人で行う意思決定よりも優れています。それは、個々の持つ情報を共有することで、より多くの情報から意思決定できること、多様な意見から最適解を導き出すことによって、多くの人に受け入れられる可能性が高くなるからです。しかしながら必ずしも個人の意思決定よりも優れた結果になるわけではありません。

集団活動は、「集団凝集性」と「成果規範」という2つの要素に影響を受けます。集団凝集性は集団としてのまとまりを表し、成果規範は成果へのコミットメントや仕事に対する厳

図40　生産性に影響を与える要素

成果規範＼集団凝集性	高	低
高	生産性 最高	生産性 中程度
低	生産性 最低	生産性 中程度か低い

出所：経営学入門（上）第2版 榊原 清則

しさを表します。成果規範を高めることで集団活動の生産性は高まりますが、集団凝集性を高めない限り優れた成果を上げることはできません。一方で、集団凝集性を高めるだけでは生産性は上がらず、逆に生産性を低下させてしまいます。

　これは集団浅慮という心理状態が関係します。集団浅慮とは、一人で考えれば当然気づいたことが、集団で考えることによって見落としてしまい、失敗してしまうことを言います。例えば交通量の激しい道路を横断するとします。一人で渡る時には、左右をしっかり見渡し、信号が青になったら渡ります。ところが大勢の仲間とワイワイと会話しながら渡る際

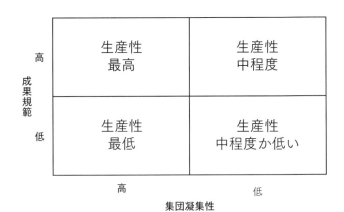

には、先頭集団についていく（集団の一体性を維持する）ことだけを重視してしまい、青信号が点滅し、赤信号に変わったとしても、信号に意識がいかず、自動車が迫っていたとしても、渡ろうとしてしまうのに似た現象のことです。皆さんも経験があるのではないでしょうか。制約条件を想定しない、代替案を考えない、仮説を事実であるかのように進めてしまうなど、様々なことがおろそかになることで、生産性が低下してしまいます（図40）。

◉ワールド・カフェの活用

学習する組織の実現には、「ダイアログ（対話）」を重ねることでお互いを知る、ワールド・カフェの手法が有効です。職位や年齢に関係なく、対等な立場で話ができるように、上座ができにくい丸テーブルを用いるなど日常業務とは異なる雰囲気づくりを行います。会社を良くしたいという志のある社員が集まることで、異なる部署で面識がなくても、自然と会話が始まります。

しばらく会話すると、社員一人ひとりが、日頃、何を思ったり、感じたりしながら仕事をしているのかがわかってきます。自分だけがそう感じていると思っていたことが、他の人も同じように感じていることがわかると、その瞬間に一体感が生まれます。ワールド・カフェは次のように進行します。

・第一ラウンド「探求」

参加者は各テーブル（4名／テーブル）に分かれ、あるテーマ（問い）について、自由に会話をします。会話の中で気づいたことや発見したことを、テーブルに置いてある模造紙に、書き留めます（メモ程度でOK）。

・第二ラウンド「他花受粉」

制限時間になったらテーブルに一人を残して、その他の人たちは、別のテーブルに移動します。移動の際に、各テーブルの模造紙に書かれている内容を見て、興味が湧いたテーブルに着席します。

残った一人はホスト役になって、移動してきた新たなメンバーに、先程の会話の内容を共有し、意見をもらうことで、探求を深めていきます。

・第三ラウンド「統合」

第一ラウンドのテーブルに戻って、第二ラウンドで得た知恵を共有し、テーマ（問い）について結論を導き出します。

・全体セッション「共有」

ホストの一人がファシリテーターとなって、全体を振り返り、テーマ（問い）に関する、参加者の知恵を集約します。

学習する組織の取り組みによって、非公式の人的ネットワークが出来上がります。非公式とは上下関係のないネットワークで、階層や組織の垣根を越え、平等な関係で意見交換のできる人たちのコミュニティです。上下関係のある公式のネットワークでは、知ることのできなかった情報を得ることができるため、会社の内情が見えてきます。これにより健全な危機意識が持てるようになります。また正式なルートを経なくても、気軽に相談に乗ってもらえるなど、縦割り組織の弊害が軽減されることから、組織の活性化につながります。

人材開発のＫＦＳ（重要成功要因）とは

「人材開発だけでは人材開発はできない」

人材開発を進めようとしても、人材開発の素地が会社にできていなければ、必ず壁にぶつかります。人材開発の素地とは、社員のマインドを意味します。ノウハウを人に教えたくない人にＯＪＴはできませんし、挑戦することを拒んでいる人に新しい知識やスキルを提供しても、行動変容は起こりません。また個人のモチベーションが一定レベルにあることも大事です。頑張って成果を上げれば、きちんと評価され、報酬に反映されると思えることで、もっと成長して成果を上げたいという意識になります。そのためには人事制度といった人材開発以外の部分にも切り込んでいくことが必要になります。これが、人材開発だけでは人材開発ができない理由です。

「人材開発は3つの観点から会社最適を考える」

会社の戦略や意思決定スタイルに即した人材開発を企画しなければ、経営層には受け入れてもらえません。会社ごとに人材開発が異なるのは当然のことと言えます。しかしながら人材開発の観点は、どの企業も同じです。最適配置、能力開発、組織活性化の3つに取り組むことで、組織のパフォーマンスを最大化することが目的になります。どれか一つを徹底的にやるというよりも、バランスよく取り組むことがパフォーマンス向上には効果的です。人材開発の現状をきちんと評価し、自社の弱い部分を優先的に強化します。

「人材開発は常に変化する」

人材開発の仕組みを作ったとしても、半永久的に使い続けられるものではありません。定期的に仕組みの見直しを行わなければ、いつしか現実と乖離したものになってしまいます。競争環境が変われば事業戦略も変わり、それを実現する期待人材も変わります。期待人材が変われば、強化すべきコンピテンシーも変わります。また戦略が変わらなくても、人材開発の仕組みを作って数年が経過していれば、自社の能力レベルは向上し、できることが増えていますから、挑戦することを促すためにも見直しが必要になります（見直す必要がないということは、組織が成長していないことになります）。

最善の見直しのタイミングは、新たな事業戦略を開始するときです。戦略の実現に向けて、社員に戦略を理解させ、どう行動変容すべきかを指し示すには人材開発の仕組みをリバイスするのが効果的です。大きく仕組みを変えることで社員に経営の本気度を示すことができます。しかしながら事業展開に合わせて、人材開発の見直しを行っている企業は少ないように思います。事業展開をスムーズに進めるために、先んじて、手を打っていくことを戦略的人材マネジメントと呼びますが、特に人材開発はすぐに効果が出るものではないため、将来を見据えて行うことが大事です。

創造性と生産性をキーワードに、組織や個人の能力面に何が不足しているか、現在の組織文化や組織風土が事業展開をスムーズに進める阻害要因にならないかなど、経営企画と人事企画の担当者が話し合い、共通認識が持てるようになれば、事前に手を打つことができるようになります。事業戦略と人材戦略を結びつけることは、これまで以上に企業の持続的な成長にとって重要なテーマです。

おわりに

「今、やっている人材開発は、人事施策の全体から見たときに、本当に正しいのだろうか」
皆さんの会社は、人事施策のつながりを意識し、意図をもって、施策を展開しているでしょうか。

この度、執筆に至ったキッカケについて述べさせていただくと、20年余り、人材開発の仕事に携わることができ、書籍や専門家との意見交換から、いろいろな考えを学んできました。それぞれ納得感のある素晴らしい考えです。しかしながら、頭の中では、あくまで〝点〟での理解であり、それらが〝線〟としてつながることはなく、人材開発について全体観が持てない状況が続きました。

また人材育成、人材開発、能力開発、キャリア開発、組織開発……など、一つひとつは、書籍やインターネットに詳細に書かれていますが、似たような文脈で書かれていたり、部分的に重複していたりと、いまいち違いがわかりません。見ているものが同じだとしても、立場が異なれば、見え方に違いが生まれます。また言葉の選択や表現の仕方で違いがわかりづらくなっているとしたら、それらを紐解いて整理し、つながりを明確にすることで全体感が掴めるのではないか、人材開発の業務を一連のストーリーとして捉えることができるのではないかと考えるようになりました。

本書は、人材開発を進めていくうえで、どのような情報を知っておくべきか、他社の担当者と話をするにあたって、知っておいてほしい代表的な理論についても記述しました。全体感を掴むことは、「人材開発とはこういうものだ」という持論を構築するために不可欠です。持論を持つことは、企画担当者には特に重要で、借り物の知識から企画をつくると表面的なものになってしまいますが、持論を起点に企画すると説得力のある提案になります。

「成長は自己責任であり、人材育成に仕事の貴重な時間を充てる必要はない」と明言する経営者も一定数存在しますから、企画担当者は「うちの会社は、本当に人材育成をしないといけないのか」という命題に対して、自分なりの考えを述べられるようになっていただきたいと思います。

現場から得た情報や人材データをもとに問題を指摘し、経営層に解決策が提示できるようになることで、人材開発の企業内プレゼンスが上がります。人材開発は研修をすることだと思っている企業も多く、その重要性を含め、きちんと理解している企業は少ないと感じています。

この本を読み終えた際には、企画担当者として、自社の人材マネジメントを振り返り、自社に適した人材開発とは何なのか、あるべき人材開発を創造し、実現に向けて一歩を踏み出していただきたいと思います。

主な参考文献

Ⅰ　取り巻く環境

- 循環経済ビジョン２０２０ 経済産業省
- 第１回 未来人材会議 経済産業省　資料４ 事務局資料 ２０２１年12月７日
- 令和４年版 高齢社会白書（全体版）第１章 高齢化の状況 内閣府

Ⅱ　会社に適した人事施策

- 企業は創造性と生産性を両立できるか 琴坂 将広 DHBR ２０１４年11月号
- 真実のM&A戦略 Clayton M. Christensen DHBR ２０１１年11月号

Ⅲ　人材マネジメント

- カンブリア宮殿「世界を驚かせた日本製の鋳物ホーロー鍋バーミキュラ」２０１８年2月1日放送
- 第９回高齢者の生活と意識に関する国際比較調査（全体版）内閣府　令和3年3月
- 日米企業の経営比較―戦略的環境適応の理論 加護野 忠男，野中 郁次郎 他
- 新版 人事の定量分析 林昭文

Ⅳ　人的資源開発（人材開発）

- 人的資源開発の理論的系譜と概念の整理‐個人開発と組織開発をつなぐキャリア開発‐京都大学経済学研究科 草野千秋 2007年5月
- 中小企業の賃金・退職金事情（令和4年版）東京都産業労働局
- 「学際的コラボレーション」のジレンマ DHBR 2004年12月号

Ⅴ　最適配置

- Harvard Business Review（1980）"Job Matching for Better Sales Performance by Herbert M. Greenberg and Jeanne Greenberg
- 幸福の習慣 Tom Rath and Jim Harter
- マイナビ転職「新入社員の意識調査（2022年）」
- 第1回 未来人材会議 経済産業省　資料4 事務局資料 2021年12月7日
- 令和元年版 労働経済の分析 厚生労働省
- 「企業における転勤の実態に関する調査」調査結果の概要 労働政策研究・研修機構 平成29年2月21日
- 人生を決断できるフレームワーク思考法 Mikael Krogerus, Roman Tschappeler, Phillip Earnhart
- ポジティブ心理学 島井哲志

Ⅵ　能力開発

- 経験学習の理論的系譜と研究動向 中原 淳 日本労働研究雑誌October 2013
- ビジネス寓話50選 博報堂ブランドデザイン編
- エビデンスベースの知識創造理論モデルの展開に向けて 一橋ビジネスレビュー ２０１４ ＳＵＭ
- 見える化－強い企業をつくる「見える」仕組み－遠藤 功
- ＧＥ過去20年の体質転換 HARVARD BUSINESS SCHOOL
- 第１回 未来人材会議 経済産業省　資料４事務局資料 ２０２１年12月７日
- はじめてのインストラクショナルデザイン Walter Dick, Lou Carey, James O. Carey
- 研修の企画・運営の進め方 企業と人材２００２・６・20
- 置かれた場所で咲きなさい 渡辺和子
- The People Advantage : Improving Results Through Better Selection and Performance
- 特集 長期の視点から見直す コア人材の育成 企業と人材２００８年10月５日

Ⅶ　組織活性化

- カンブリア宮殿「日本流ＬＣＣを作れ!　飛行機が〝電車〟になる日」２０１３年３月14日放送
- 幸福の習慣 Tom Rath and Jim Harter
- 社員の力で最高のチームをつくる Ken Blanchard, John P. Carlos, Alan Randolph

- 日本企業の組織風土改革 柴田 昌治
- 入門 組織開発 中村和彦
- 生産性課題に関するビジネスパーソンの意識調査 日本生産性本部 ２０２２年７月11日
- 「意図せぬ交流」を促す職場デザイン Anne-Laure Fayard DHBR ２０１２年２月号
- 総務省統計局 統計トピックスＮｏ．12 令和２年２月21日
- 中途採用を活かすマネジメント 尾形真実哉
- 東洋経済ＯＮＬＩＮＥ パナソニックが「プロパー主義」を捨てる事情 ２０１７・７・１
- Ｓｏｃｉａｌ５・０ 内閣府ＨＰ
- 第１回 未来人材会議 経済産業省 資料４ 事務局資料 ２０２１年12月７日
- 「副業・兼業に関するアンケート調査結果」経団連 ２０２２年10月11日
- 学習する組織「５つの能力」Peter M. Senge 他
- 経営学入門（上）第２版 榊原 清則
- 学習する組織をつくるワールド・カフェの対話 香取一昭 人材教育 February 2011

【著者プロフィール】
小林弘人（こばやし ひろと）

人材開発コンサルタント
医薬品、鉄鋼、輸送用機器など、様々な業界にて20年余り人材開発の仕組みづくりに携わる。人材開発の実務家としてキャリアを積みつつ、講師として企業、大学、中小企業大学校などの公的機関にて登壇。企業が抱える人材に関する悩みを課題に落とし込み、人材開発と人事制度の両側面からその企業に最適な解決策を提案する。

創造性《そうぞうせい》と生産性《せいさんせい》を同時《どうじ》に実現《じつげん》する
人材開発《じんざいかいはつ》の手引《てび》き

2023年6月28日　第1刷発行

著　者　　小林弘人
発行人　　久保田貴幸

発行元　　株式会社 幻冬舎メディアコンサルティング
〒151-0051　東京都渋谷区千駄ヶ谷4-9-7
電話　03-5411-6440（編集）

発売元　　株式会社 幻冬舎
〒151-0051　東京都渋谷区千駄ヶ谷4-9-7
電話　03-5411-6222（営業）

印刷・製本　中央精版印刷株式会社
装　丁　　村上次郎

検印廃止

Printed in Japan
ISBN 978-4-344-94446-6 C0033
幻冬舎メディアコンサルティングＨＰ
https://www.gentosha-mc.com/